海南热带海洋学院2022年引进人才科研启动项目

项目名称:高校辅导员核心素养研究

项目编号:RHDRC202208

辅导员
职业能力研究

苏亚杰 著

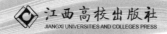

江西高校出版社

JIANGXI UNIVERSITIES AND COLLEGES PRESS

图书在版编目(ＣＩＰ)数据

辅导员职业能力研究/苏亚杰著.--南昌:江西高校
出版社,2023.10(2025.1重印)
ISBN 978－7－5762－4235－5

Ⅰ.①辅⋯　Ⅱ.①苏⋯　Ⅲ.①高等学校—辅导
员—工作—研究　Ⅳ.①G645.1

中国国家版本馆 CIP 数据核字(2023)第 179784 号

出 版 发 行	江西高校出版社
社　　　　址	江西省南昌市洪都北大道 96 号
总编室电话	(0791)88504319
销 售 电 话	(0791)88522516
网　　　　址	www.juacp.com
印　　　　刷	三河市京兰印务有限公司
经　　　　销	全国新华书店
开　　　　本	700mm×1000mm　1/16
印　　　　张	11.25
字　　　　数	172 千字
版　　　　次	2023 年 10 月第 1 版
	2025 年 1 月第 2 次印刷
书　　　　号	ISBN 978－7－5762－4235－5
定　　　　价	58.00 元

赣版权登字－07－2023－721

前言

　　提升高校辅导员的职业能力与职业素养,是中国高校思想政治教育研究领域里历久弥新、见仁见智的重大选题。

　　步入新时代以来,数字化、网络化、智能化的飞速发展,经济社会的快速演进,社会生产方式与人们的生活方式的时代转换,世界范围内思想文化的相互激荡,催生着人们的思维方式、价值观念发生着深刻的变革。中国高校思想政治教育工作面临着经济全球化以及东西方文化碰撞与冲突所带来的前所未有的新挑战。

　　高校辅导员是大学生全面健康成长的"指导者、引路人和知心朋友",肩负着培养德、智、体、美、劳全面发展的社会主义合格建设者和可靠接班人的神圣使命。他们的职业能力与职业素养关乎着中国高校高素质人才培养的质量与成效,关乎着中国元素、中国品牌走向世界舞台的时代追求,也与中华民族伟大复兴的历史进程息息相关。高校辅导员如何适应时代要求,努力提升职业能力与职业素养,成为高校思想政治教育工作者难以忽视的重大选题。站在新的历史起点上,深入研究高校辅导员职业能力与职业素养问题,探索提升辅导员职业能力与素养的理论框架与实践路径,具有十分重大的理论意义与现实意义。

本书聚焦高校辅导员的职业能力研究,对辅导员职业能力的内涵以及与之相关联的概念进行了多角度的阐释,在深入剖析辅导员职业能力的结构体系以及辅导员职业能力提升的基本条件基础上,提出了辅导员职业能力提升的实践路径,力图通过理论与实践相结合,破解影响辅导员职业能力提升的实践难题,为研究辅导员职业能力提升开辟新的路径。

本书着眼于辅导员职业能力的结构体系,在充分吸纳国内外有关能力与素养最新见解的基础上,提出了辅导员职业能力的支撑体系与实践形态,力图从更加宏大的角度探索能力与素养问题,从更宽广的视野中解析高校辅导员的职业能力与职业素养问题,为学界在核心能力与核心素养的研究上提供理论启示和有辨识度的实践参照。

本书专注于辅导员职业能力的实践路径,从策略构思、实践操作以及完善支撑体系等方面展现高校辅导员职业能力提升的路径样态,努力为高校辅导员的能力发展和素养提升提供多样化的实践通道。

本书是海南热带海洋学院科研项目"高校辅导员核心素养研究"的阶段性研究成果。

本书在写作过程中参考并借鉴了国内相关专家、学者的学术研究成果,在此表示诚挚的谢意。

作者

2023 年 7 月

绪论 /1

　　一、研究目的与意义 /2

　　二、国内外研究现状 /5

　　三、研究思路与方法 /13

　　四、研究创新之处 /16

第一章 高校辅导员职业能力相关问题的阐释 /17

　　一、相关概念的分析与界定 /17

　　二、辅导员职业能力的价值功能 /32

　　三、辅导员职业能力的主要特征 /34

第二章 高校辅导员职业能力研究的理论基础 /39

　　一、马克思主义人的全面发展理论 /39

　　二、中国特色的思想政治教育理论 /46

　　三、职业发展理论的借鉴 /51

　　四、国外激励理论的借鉴 /54

第三章 高校辅导员职业能力的结构体系 /58

　　一、构建辅导员职业能力体系的认知依据 /58

　　二、辅导员职业能力体系的支撑要素 /63

三、辅导员职业能力体系的多维建构　/69

第四章　高校辅导员职业能力发展的基本条件　/83

一、辅导员职业能力发展的思想基础　/83

二、辅导员职业能力发展的专业基础　/84

三、辅导员职业能力发展的知识基础　/89

四、辅导员职业能力发展的实践基础　/93

第五章　高校辅导员职业能力现状与时代挑战　/98

一、辅导员职业能力发展已有成效　/98

二、辅导员职业能力发展的现存问题　/108

三、辅导员职业能力发展的问题归因　/111

四、辅导员职业能力发展的新挑战　/125

五、辅导员职业能力发展的新机遇　/132

第六章　高校辅导员职业能力提升的实践路径　/136

一、树立辅导员职业能力提升的时代理念　/136

二、确立辅导员职业能力提升的宏观策略　/143

三、拓宽辅导员职业能力提升的实践路径　/149

四、构建辅导员职业能力提升的支撑体系　/157

结论　/167

参考文献　/169

绪　论

　　中国当代大学生是国家核心竞争力的重要因素,是实现中华民族伟大复兴中国梦的强大力量,他们的理想信念、精神状态及综合素质,直接关乎着中国的未来、中华民族的未来。在世界多极化、经济全球化、文化多样化、社会信息化背景下,各种思想文化交流、交融、交锋,不同的文化价值与意识形态的冲击,对当代大学生的理想信念与价值取向产生了深远的影响。随着网络技术的进步、新媒体手段的出现,尤其是"互联网+""微时代"的到来,当代大学生思想政治教育面临着更加复杂的形势和环境。

　　党的十八大以来,以习近平同志为核心的党中央根据不断变化的世情国情,审时度势、高瞻远瞩,高度重视培养中国特色社会主义事业合格建设者和可靠接班人,把高校思想政治工作摆在突出位置,对加强高校思想政治工作提出新要求、做出新部署,指导和推动着高校思想政治工作不断创新发展。高校辅导员是高校学生思想政治教育工作的骨干力量,肩负着引导大学生树立正确的世界观、价值观、人生观和帮助大学生成长成才的神圣使命。高校辅导员队伍整体能力的与时俱进,既是培养高素质的社会主义合格建设者和可靠接班人之所需,也是构建具有中国特色、中国风格、中国气派的高校思想政治工作新体系的时代诉求。

　　近年来,高校辅导员专业化发展及职业能力研究引起了学界的关注。破解高校辅导员职业能力研究上的困惑,从更广阔的视野上探究辅导员职业能力发展及职业能力提升的实践路径,对于防止和消除在辅导员职业功能上的不应有的"错位"与"漂移",保证辅导员职业能力提升沿着党和国家要求的正确方向行进,增强大学生思想政治教育工作实效性,进而为探究高校辅导员专业化、职业化发展路径提供启示,具有十分重要的理论与实践意义。

一、研究目的与意义

(一)研究目的

1.开展高校辅导员职业能力研究,为加强辅导员队伍建设提供理论依据。国际国内形势的新变化,要求高校必须加强思想政治工作。辅导员是大学生思想政治教育的骨干力量,是高校宣传思想工作骨干队伍的重要组成部分。《中共中央 国务院关于进一步加强和改进大学生思想政治教育的意见》明确提出"要采取有力措施,着力建设一支高水平的辅导员、班主任队伍"①。中共中央、国务院《关于加强和改进新形势下高校思想政治工作的意见》明确要求:"高校思想政治工作队伍和党务工作队伍具有教师和管理人员双重身份,要纳入高校人才队伍建设总体规划,形成一支专职为主、专兼结合、数量充足、素质优良的工作力量。"②要加强辅导员队伍建设,必须深入研究辅导员发展现状,分析辅导员专业化职业化发展根基及其与职业发展能力结构的关联,找到影响辅导员职业能力发展的关键因素,探索辅导员职业能力提升的机制与途径。因此,研究辅导员职业能力问题意在为完善辅导员队伍建设措施提供理论依据,进而丰富高校思想政治教育队伍建设尤其是高校辅导员队伍建设的理论。

2.开展高校辅导员职业能力研究,推进辅导员专业化职业化研究进程。中国特色社会主义意识形态主阵地的建设、坚持社会主义办学方向、坚持立德树人的根本任务,决定了高校思想政治教育工作队伍建设的发展方向,也决定了高校辅导员专业化职业化发展的地位及职业能力发展的走向。近年来,国家实施的关于高校辅导员队伍建设的一系列措施,意味着辅导员专业化职业化建设进入了一个新的阶段。依据党和国家关于加强大学生思想政治教育的相关要求和部署,区分全员全过程全方位育人的理念原则与实践层面具体岗位应达到的职业能力之间所存在的意义指向上的差异,明晰思想政治教育工作队伍中不同层面的群体在促进学生健康发展中的不同作

---

① 中共中央,国务院.中共中央 国务院关于进一步加强和改进大学生思想政治教育的意见[Z].2004 - 10 - 15.

② 中共中央,国务院.关于加强和改进新形势下高校思想政治工作的意见[Z].2017 - 02 - 27.

用,探索思想政治教育工作与学生事务工作在职业性质、职业分类、职业能力、职业发展前景上的差异,科学把握辅导员队伍能力标准的基本理论意蕴和实践指向与辅导员个体能力发展之间的关联,深入分析辅导员职业能力发展的主要方向,破解阻碍辅导员能力提升的现实症结,为辅导员专业化职业化发展路径探索提供新的研究视角和启示。

3. 深入研究高校辅导员职业能力,探索提高高校辅导员能力素养的有效途径。辅导员职业能力的构成、职业能力提升的路径及其支撑体系事关辅导员职业的社会认同、辅导员职业的工作使命、高校思想政治工作的成效。通过深入研究高校辅导员职业能力,尤其是辅导员职业能力的特征、结构、职业能力的发展基础,剖析辅导员能力的发展现状、发展需求与时代挑战,探寻辅导员职业能力提升的实践路径,可以化解辅导员能力发展的难题与困惑,使辅导员职业能力培养培育措施更加符合辅导员专业化职业化发展和大学生思想政治教育的实际,助推辅导员职业能力快速提升。

4. 深入研究高校辅导员职业能力,提高大学生思想政治工作的实效性。辅导员的职业能力不是一个单一的问题,它直接关联着教育对象的成长与发展的质量。党的十八大以来,以习近平同志为核心的党中央把高校思想政治工作摆在突出位置,做出一系列重大决策部署,高校思想政治工作持续加强和改进,呈现出良好的发展态势。在新的历史时期,全面提升高校思想政治工作水平,进一步提高大学生思想政治教育工作的实效性和针对性,必须高度关注高校辅导员的职业能力。因此,深入研究高校辅导员的职业能力,有益于推进全员全方位全过程育人,突出思想价值引领,增强大学生思想政治教育工作的时代感和实效性。

(二)研究意义

开展高校辅导员职业能力专题研究,是高校辅导员队伍建设研究的重要内容之一,具有重要的理论和实践意义。本书试图通过剖析阐述高校辅导员职业能力的框架结构、培养培育的措施体系以及发展趋向等问题,探索辅导员职业能力发展规律,为加强辅导员队伍建设,进而为高校思想政治教育工作做出应有的贡献。

1. 理论意义。深化高校辅导员职业能力研究,可以丰富辅导员职业能力的理论研究内容,拓宽辅导员队伍建设以及高校思想政治教育的研究视野。

首先,高校辅导员职业能力建设问题是高校思想政治教育理论必须关注的重要课题。辅导员职业能力涉及高校思想政治教育工作队伍整体功能的发挥,与大学生成长成才以及高校思想政治工作质量息息相关。大学生发展呼唤成长成才的人生导师和健康生活的知心朋友。辅导员位居思想政治教育工作的第一线,只有具备了较强的职业能力,才能更好地满足教育对象的成长需求。因此,深入进行辅导员职业能力研究,是发挥思想政治教育工作队伍整体功能、提升高校思想政治教育工作质量的必然要求,有助于加强高校思想政治工作,创建体现中国特色的人才培养培育模式体系,为探讨人才成长规律、思想政治教育规律提供理论启示。

其次,中国高校思想政治教育的特色化行进,东西方高素质人才培养理念的交流碰撞,为高校辅导员专业化职业化发展提供了宽广的视野,但辅导员专业化职业化发展进程中的诸多不利因素制约着辅导员职业能力发展,如果缺乏对影响辅导员职业能力发展诸多因素的深入分析,势必导致培养培育辅导员职业能力的良好愿望难以完全落到实处,不利于激励辅导员在能力上的主动发展、创造性发展和全面发展。研究辅导员职业能力问题,探索辅导员职业能力各要素及其关联,探索建立科学合理的辅导员职业能力框架及其培养体系,有助于优化辅导员职业能力培养途径,积极回应辅导员职业化专业化发展的理论需求,为相关部门建立合理的辅导员队伍建设长效机制提供理论依据,进而也为深入探讨辅导员职业能力的理论提供有益的启示。

再次,辅导员职业能力研究需要不断深入。尽管已有许多研究成就,且不乏开山拓荒之作,但辅导员队伍建设的长期性和复杂性,高校教育环境的发展变化,尤其是"培养德、智、体、美、劳全面发展的社会主义建设者和接班人"的神圣使命,要求对辅导员职业能力研究不断深入。因此,拓宽研究视野、创新研究方式、突破研究窠臼、填补研究空白,必能进一步丰富辅导员职业能力的理论研究内容,进而为高校辅导员队伍建设提供新的借鉴。

2. **实践意义**。研究高校辅导员职业能力,是辅导员职业能力发展的必然要求。辅导员的专业化职业化发展,要求对辅导员职业能力的特点、结构、培养途径等问题进行深入剖析,要求破解辅导员的职业能力发展中的困惑。而深化辅导员职业能力研究正是回应辅导员职业能力提升的现实诉求,必将有益于提高辅导员队伍的整体素养和能力水平。

研究高校辅导员职业能力,是提高大学生思想政治教育工作质量的需要,有利于提高思想政治工作的针对性和实效性。高校思想政治教育具有理论与实践紧密衔接的属性,对大学生实施思想政治教育离不开辅导员队伍的整体素养和能力水平,尤其是辅导员的思想政治教育能力。辅导员位于大学生思想政治教育的第一线,其职业能力直接影响着大学生思想政治工作质量,因此,破解辅导员职业能力发展中的难题,可以提高大学生思想政治教育的实效性,为提高高校思想政治教育工作质量提供有力的支撑。

研究高校辅导员职业能力及其提高途径,对于整体把握辅导员队伍现状,有针对性地解决辅导员队伍建设中存在的现实问题,改善辅导员的工作环境,充分调动辅导员的工作积极性与创造性,进而提升大学生思想政治教育工程质量,具有十分重要的现实意义。

二、国内外研究现状

(一)国内研究现状

近年来,关于辅导员的研究论文数量呈几何级数倍增,"辅导员"问题成为高校思想政治教育研究中的重要议题。关于辅导员研究的主题,既有关于辅导员队伍建设包括职业化专业化建设的研究,也有关于辅导员角色和职责定位、辅导员能力素质构成及其评价、辅导员职业能力及其提升等方面的研究,还有关于辅导员制度、辅导员工作方式方法等方面的探讨。值得注意的是,关于辅导员问题的研究,内容大多直接或间接涉及辅导员职业及职业能力问题。随着研究的深入与扩展,辅导员的职业能力问题越发引起学界的重视。在2004年1月1日至2019年5月1日这段时间内,采用篇名关键词搜索方法,搜索关于高校辅导员职业能力研究方面的相关文献,以"高校辅导员"为主题在中国知网上共检索文章13 000多篇,其中博士、硕士论文600多篇;以"高校辅导员职业能力"为主题检索到文章200多篇,其中博士、硕士论文50多篇,直接以"辅导员职业能力"为课题关键词的硕士论文20余篇。众多研究者对辅导员的能力素质(胜任力素质)、思想政治教育能力、组织管理能力、就业指导能力、心理健康教育能力等专项能力进行深入探讨。关于高校辅导员职业能力方面的专门著述尚不多见,涉及辅导员职业能力一些观点往往散见于辅导员队伍建设、辅导员专业化职业化建设等方面的研究著述中。关于辅导员职业能力的专著,近年来仅见黄晓波主编的《学生工作专业化系统与辅导员核心能力构建》一书。该书从学生工作专业化系列化角度论述了辅导员核心能力的构建,较为详尽地叙述了学生工作中涉及辅导员的各项能力。关于辅导员问题研究的论著多从专业化职业化入手,研究者多从学生工作角度论及辅导员的能力问题,把辅导员思想政治教育能力作为关键能力或核心能力的研究还并不多见。

梳理国内相关专家学者关于辅导员职业能力方面的研究趋向,其研究重心大体围绕下述内容展开:

1. 关于辅导员职业能力构成的研究。研究高校辅导员职业能力,不可避免地涉及职业能力的概念及构成。基于对职业能力内涵的不同认识与理解,产生了对职业能力构成的不同表述。韩冬和毕新华认为辅导员的职业能力可分为一般职业能力、专业能力和核心能力。[①] 郑柏松通过分析当代高职院校辅导员职业的特征,归纳出其职业能力包括核心能力、基础能力、专业能力、发展能力四大类别,认为这四个方面互相联系,缺一不可,统一于高职辅导员职业能力的有机整体中。[②] 有部分论者将辅导员职业能力划分为基础能力、专业能力、关键能力和职业素养等组成部分,把基础能力和职业素养都列入了职业能力。张红英认为辅导员的职业行为能力基本包括时势发展的洞察能力、人生发展的导引能力、信息网络的运用能力、育人工作的应变能力、学术骨干的培养能力、人际关系的协调能力、危机事件的处置能力、对学术的评价能力、研究与创新能力等。[③] 马小红认为辅导员职业能力内涵包括自我管理能力、通用能力、专业知识能力等三个层面。[④] 曲建武等

① 韩冬,毕新华.高校辅导员职业能力的形成与提升[J].思想理论教育导刊,2011(11):122 – 124.

② 郑柏松.高职院校辅导员职业能力的构成与提升策略[J].中国成人教育,2014(6):104 – 107.

③ 张红英.建构高校学生辅导员核心能力结构[J].辽宁教育研究,2007(5):109 – 110.

④ 马小红.高校辅导员职业能力提升的困境及对策[J].学校党建与思想教育(下),2014(7):73 – 75.

人认为辅导员的基本能力包括终身学习、艺术性的语言、信息处理、创新创造、就业指导、管理服务心理咨询与疾病处理、处理突发事件等能力。① 上述研究者较多地偏重辅导员的一般职业能力或基础性能力或实施管理能力，较少触及辅导员的核心职能或教育能力。崔凯和冯涯结合辅导员角色定位及思想政治教育特点，将辅导员职业能力划分为思想道德修养、知识储备、能力素质、人格魅力四个部分。② 徐晟、郭志勇认为，学生政治辅导员应具备的五种能力为：广泛涉猎科学文化知识的能力、善于与学生进行感情交流与沟通的能力、统御能力、前瞻性研究的能力、创新能力。③

在研究中，许多论者虽触及职业能力的结构性、时代性变化，但往往忽略或淡化了辅导员职业能力与其职业特征、职业使命与主体角色的深层关联，缺少对辅导员职业与其他职业在一般或特殊能力上的差别分析，缺少对职业能力的内在层次性与逻辑性以及对关键职业能力或核心职业能力的格外关注。

2. 关于辅导员职业能力现状方面的研究。 辅导员职业能力的现存样态是研究辅导员职业能力发展建设的前提和基础。许多研究者就辅导员职业能力存在的问题及归因进行了多角度分析。有研究者认为辅导员职业能力在思想政治教育、心理健康教育、职业生涯规划与就业指导以及科研等方面存在不足；有研究者从个体发展角度分析，认为辅导员存在能力结构单一、综合能力欠佳、自身建设能力不足等问题。值得注意的是，有不少研究者结合具体院校或各种实证性调查，试图对辅导员的能力状态进行系统而深入的分析，对于如何改进或改善辅导员能力现状提供了有益的启示。但就辅导员职业能力的现状分析而言，辅导员队伍整体能力的样态，不同类型高校的辅导员能力结构及工作承载力和侧重点的差异，辅导员不同的生活与工作境遇给职业能力提升所带来的影响，以何种意义、何种角度、何种标准评

① 曲建武,吴云志.高校辅导员素质与能力建设问题研究综述[J].高校理论战线,2006(4):38－42.

② 崔凯,冯涯.新时期高校辅导员职业能力构成及培养路径选择[J].职业时空,2014(10):87－88.

③ 徐晟,郭志勇.试论学生政治辅导员的五种能力[J].合肥工业大学学报(社会科学版),2000(S1):128－129.

绪

论

估辅导员能力的强弱等问题还有待深入研究。

3. 关于影响辅导员职业能力发展因素的研究。肖勇强认为，职业社会地位偏低、学科背景多样化、专业基础相对薄弱、辅导员保障机制尚未健全等因素影响着辅导员职业能力发展。① 李英依据相应调查认为，辅导员工作职责、权限不明确，职能边界模糊，事务性工作较多影响了辅导员工作职责的履行和职业能力的发挥。② 也有研究者以为，辅导员职业能力产生问题的原因既有国家政策支持体系缺乏系统性与针对性的问题，也有辅导员自身职业认同感不高以及缺乏自我提升的热情等问题。影响辅导员职业能力发展的因素有许多，但深层剖析制约并影响辅导员能力发展的关键因素还明显欠缺，尤其是从机制机理层面分析何以造成部分辅导员职业能力结构上的先天性不足及辅导员培养使用上的后天缺陷，从队伍整体能力与个体能力结构以及从内因与外因综合作用角度深入剖析影响辅导员职业能力提升的因素尚待学界深入讨论。

4. 关于辅导员职业能力提升主要路径的研究。在辅导员职业能力提升的路径上，许多研究者进行了不同角度、不同侧面的探索。有从明晰辅导员职责、优化辅导员管理机制、构建辅导员培训体系入手的，有从建立辅导员考评体系、激励机制，加强辅导员自我提高等角度进行论述的。一些学者尝试从辅导员专业化职业化建设的宏观视角审视辅导员职业能力建设的政策与措施机制，如李忠军认为辅导员职业能力建设应注重职业准入、职业考核、培养与发展以及辅导员的退出四个维度。③ 也有的研究者从微观角度，如团队建设、新媒体环境、职业能力大赛等角度论述辅导员职业能力建设的具体策略。浏览众多的关于辅导员职业能力提升路径的论述，不难看出，辅导员队伍整体能力建设的时代理念与可行性操作路径尚有待深入探索，国家、社会、学校层面的措施与辅导员个体化职业能力发展需要之间的关联等问题也有待深入发掘。

① 肖勇强. 高校辅导员职业能力提升的有效途径[J]. 时代教育,2014(23):136 – 137.

② 李英. 基于学生视角的高校辅导员职业能力现状调查研究[J]. 高校辅导员,2012(1):63 – 67,77.

③ 李忠军. 以职业能力建设为核心推动高校辅导员队伍专业化发展[J]. 思想理论教育,2014(12):97 – 102.

5. 关于辅导员职业核心能力的探讨与研究。职业核心能力的概念内涵,在 20 世纪 90 年代引起了国内外许多学者的关注和探讨。近年来,一些研究者开始尝试把职业核心能力引入辅导员职业能力研究中来,但深入研究的著述尚不多见。在专著中,2010 年黄晓波主编《学生工作专业化系统与辅导员核心能力构建》一书涉及辅导员核心能力的构建。在发表的论文中,有几十篇涉及或专论辅导员职业核心能力问题,有的针对核心能力的某一方面,有的从某一角度论及辅导员职业核心能力。有部分研究者以辅导员职业核心能力为主题,探讨了职业核心能力的概念、结构体系及提升路径,如李双贵认为,思想政治教育能力具有价值性、难以模仿性和不可替代性等特点,具备了作为辅导员职业核心能力的相关要求。[①] 也有研究者认为辅导员应具备多种核心能力。[②] 彭晓蓓等人通过比较国内外高校事务管理者职业核心能力,提出核心能力的建设措施为:提高自我学习能力、增强人际交流能力、发展创新创造能力、加强组织管理能力、充实职业指导能力和具备心理教育能力。[③] 这些研究虽不乏新颖观点,但对职业一般能力与职业核心能力的差别、辅导员职业核心能力的内涵结构及包容性等问题仍缺少深入分析,辅导员职业核心能力研究仍有较大的空间。

(二)国外研究现状

相关研究显示,在一些发达国家高等教育体系中并无与高校辅导员相同的概念,仅有高校学生事务工作者。美国高校虽有辅导员职务,但其内涵与中国高校辅导员有较大差别。如美国学校辅导员协会(American School Counselor Association)(1967)在其经典研究专著《学校辅导员》中较为详细系统地阐述了职业辅导员的实际作用为"培养学生终身学习能力,帮助学生明确学习目的、端正学习态度、掌握学习方法、提高学习能力,指导学生积极参与科技创新、社会实践和小型社会科学研究;积极参与学生学习预警工

① 李双贵.论高校辅导员职业核心能力的可持续发展[J].广东第二师范学院学报,2011(4):35–39.

② 孙海波.高校辅导员工作所需的核心能力及其培养对策[J].文化学刊,2015(8):89–90.

③ 彭晓蓓,蒋晓虹,胡曦茜.国内外高校事务管理者职业核心能力的比较研究[J].新西部(下旬刊),2011(2):143–144.

作,与导师沟通,帮助学习困难学生界定学习问题、建立解决策略、改善学习状况;普及心理健康教育知识,有针对性地帮助大学生处理好学习成才、择业交友、健康生活等方面的具体问题,配合学校心理咨询中心做好学生的个体咨询和团体辅导,适时提醒心理问题严重的同学进行咨询和治疗",实际上主要是学生的咨询对象,没有强调辅导员甚至是职业辅导员的管理职能。美国学校辅导员协会(2012)对职业辅导员进行了新的定位,在肯定普及心理健康教育知识,有针对性地帮助大学生处理好学习成才、择业交友、健康生活等方面的具体问题,配合学校心理咨询中心做好学生的个体咨询和团体辅导,适时提醒心理问题严重的同学进行咨询和治疗的基础上,要求辅导员对心理测评结果进行归档研究,集中关注心理存在问题的学生,同时进一步强调了辅导员在引导学生价值观上的重要作用。F. Erickson(1982)认为辅导员实际上是"看门人",除了学生心理疏导、心理疾病防治,更主要体现在辅导员对学生社会交往活动中所起到的引导作用。F. Erickson认为辅导员有义务和责任对学生的交往对象负责,并应至少在不干预学生私人生活的前提下,保护学生不受他人伤害。J. Burnham(2000)认为高校理论与实践的脱节某种意义上已经成为学科发展过程中的巨大"瓶颈",即高等教育与社会实践存在一定的脱节,掌握了理论的大学生并未及时将理论应用到实践中,这就失去了理论指导实践发展的根本作用。进一步完善大学生实践能力培养环节尤为关键,而在这一过程中高校辅导员扮演着极为重要的角色。高校辅导员作为大学生实践的主体,与学生沟通联系紧密,通过进一步探索高校辅导员在大学生实践能力培养中的作用,对高校辅导员在大学生校外实践活动中的创新作用及破解高校教育理论和实践研究瓶颈具有积极意义。高校辅导员在不断的发展中,不断增加辅导项目,逐步拓展,逐渐形成了目前较专业、完整、综合的职业工作系统。学生事务工作者包括职业辅导师、心理辅导师、社会化辅导师等,为大学生提供多样化的服务和咨询,把维护学生利益、给学生全面帮助与支持作为基本指标,完成了职业化的发展。其职责主要包括提供学习指导、帮助学生决策和培养能力、提供生活服务等,涵盖了关于学生的几乎所有非学术性的事务。其从业人员必须满足相应学历要求、相应的文化知识及行政管理能力,具有丰富的管理和实践经验,聘任和晋升有明确的标准,各种行业组织和行业协会完备,制定有标准化的职业行为规范性文件,运行情况良好,总的来说具有专业化、社会化以及多样化的特点。

我国高校与国外高校在学生事务管理机构机制上存在较大差异。国外高校学生事务管理的机构设置在校一级,高校的院系一般不设专职人员负责学生事务。[①] 美国高校学生事务管理坚持以学生发展理论为指导,旨在通过非学历性事务和课外活动对学生施加教育和影响,规范、指导和服务学生,满足学生成长成才的需求。美国高校学生事务机构中的学生事务工作者的工作职责与我国高校辅导员集教育、管理、服务于一身的工作职责有着很大的差别,其职业能力要求也存在一定的差异,但国外关于学生事务管理工作者能力建设的研究对于探讨我国高校辅导员职业能力及建立具有中国特色的高校辅导员职业能力体系具有一定的启示与借鉴意义。

相关学者研究显示,美、英等发达国家在高校学生事务工作上早已建立了比较完善的制度,形成了职业化专业化的发展体系。就共性的专业化发展特征而言,一是形成了独立于教学体系之外的学生事务服务与管理体系,包括垂直的一级管理体制、扁平化的服务机构、清晰的职能划分和岗位角色定位。如美国加州大学设立一名主管学生事务工作的副校级领导,下设招生与入学服务中心、就业服务中心、学生政策与法律事务中心等。[②] 与中国的辅导员名称相对应,美国高校辅导员可以分为心理辅导员、职业辅导员、学习辅导员、生活辅导员、住宿辅导员等。按职责清晰度,高校学生事务工作在一个服务部门内部分工也非常明确,如英国高校的学生就业指导中心就有专门负责信息和资料的管理员、专门负责与用人单位接洽的对外联络员、专门负责研究就业政策和进行咨询的人员等。[③] 二是形成了职业化的行业性的学生服务与管理的岗位规范体系。如美国教育理事会出台的《学生人事工作宣言》归纳了学生事务管理工作的内容,指出了学生事务管理发展

① 张健.美国高校学生事务管理对我国高校学生工作的启示[J].江苏高教,2010(6):116-118.

② 贾仕林.美国高校学生事务管理的经验及启示[J].黑龙江高教研究,2014(9):46-49.

③ 徐艳国.中英高校学生工作队伍建设比较研究[J].思想理论教育导刊,2008(9):85-87.

的方向;美国相关行业协会出台了《高等学校学生事务管理人员行为规范》《高等学校学生事务管理人员伦理标准》等行业性规范。在资质要求上,日本早稻田大学要求管理人员具有四年制本科以上学历和学士以上学位,且获得相应的资格证书;①美国对不同级别的职业岗位有不同的资质要求,如初级岗位需具备心理咨询、职业指导、学生事务实践、学生发展等方面的硕士学位。三是形成了专业化的学生事务工作者职前培养与职后培训体系。美国高校承担着学生事务工作者的学历教育,有固定的学科培养人才,职后培训一般由专业协会来组织;英国高校则通过相应的培训机构和培训协会对学生事务管理人员进行旨在提高技术、能力的系统培训。四是为学生事务工作者提供了良好的就业前景和职业化发展空间。在国外,有专业团体或协会组织各类专业性活动,提升从业人员的专业素质和专业技能,为每个成员提供专业发展机会,如英国高校学生事务所有工作职能范围都有行业协会的强力支撑。② 国外许多高校也建立了培养机制、考核体系和晋升机制,努力为学生事务管理人员提供岗位培训和进修机会,开辟职业晋升的途径。

研究表明,在发达国家,高校学生事务工作已经发展成为一个稳定的职业。在为学生发展服务的工作理念下,高校学生事务工作形成了体系完整、职业化程度高、发展机制逐步健全等特点。中国高校学生工作并非具有单独的职业意义,学生事务工作与学生思想政治教育工作尚无明确分野。中国高校学生工作在运行表现中往往体现为教育、管理、服务并重的职能特点。中国高校思想政治教育工作在"立德树人"的原则理念下,突出思想政治理论课的主渠道作用、辅导员在学生日常思想政治教育中的作用以及党团组织对学生思想引领的作用。中国高校学生事务工作处于相关职能机构及辅导员工作职能范围之中。如何借鉴国外学生事务管理经验,梳理中国高校学生事务工作的优势与不足,厘清学生思想政治工作与学生事务工作的差别,科学确定辅导员工作职责与职业角色,构建适应时代需要与学生发

---

① 罗立顺,李同果.发达国家高校学生事务管理的经验及启示[J].学校党建与思想教育(下),2015(4):92-94.

② 朱红春.职业化背景下高校辅导员能力发展研究[D].天津:天津大学博士学位论文,2010.

展需要的具有中国特色的高校辅导员职业能力体系与职业能力建设体系，已成为高校思想政治教育工作队伍研究的当务之急。

（三）研究综述

梳理国内外关于高校辅导员职业能力问题的研究，学界关注的焦点主要集中在以下三个方面：一是关于辅导员职业岗位要求和职业能力的内涵与结构问题；二是辅导员职业能力的培养路径与发展趋向问题；三是研究的侧重点，即从何种角度看待辅导员职业能力问题，若从学生事务管理和思想政治教育两个不同的角度来看待辅导员的能力构成及其培养途径，就很难在学术研究上达成共识。就国内研究现状而言，尽管关于高校辅导员职业能力问题的研究成果不断涌现，但研究思路尚有待突破，若忽略中外高校辅导员职业设置和岗位要求上的巨大差异，简单照搬英、美高校学生事务管理经验，势必造成理论与实践的背离。从研究内容上看，对高校辅导员能力结构的理想化诉求与岗位实践能力的实然状态的剖析有待深入，对制约辅导员能力发展的诸多因素的探讨尚未形成清晰的见地。因而，高校辅导员职业能力研究虽已呈现逐步深入、研究成果激增、研究视角扩展、研究路径多样的状态，但研究的理论深度、成果的原创力明显不足，研究的角度不够新颖，许多理论问题和实践问题的深入探讨明显不够，尤其是从大视野、广角度探讨辅导员职业能力的特点、功能价值、结构体系，从理论与实践结合上探讨辅导员职业能力的发展规律尚不多见，职业能力发展的深远前景及可操作性的机制保障等问题有待突破，关于科学构建具有中国特色的高校辅导员职业能力体系的理论探讨与实践验证还有待学界共同努力。

三、研究思路与方法

（一）研究思路

本研究以马克思主义及马克思主义中国化理论为指导，以相关的职业发展、职业能力等知识理论为参照，以高校思想政治教育工作队伍建设及当代大学生健康发展需要为抓手，在吸纳借鉴国内外相关研究成果的基础上，剖析中国高校辅导员职业能力及职业能力发展现状、存在问题与影响因素，探讨高校辅导员职业要求与职业角色的社会性期待与辅导员个体职业能力发展之间的关联、大学生思想政治教育工作与大学生日常事务工作的职能分野,深入分析辅导员职业能力内涵与结构特征、职业能力提升的教育基础,以及影响高校辅导员职业能力发展的时代环境。依据加强高校思想政治教育工作的需要、大学生健康发展诉求以及辅导员专业化职业化发展的现实,探索构建高校辅导员职业能力提升的可行性路径,以期为高校辅导员职业发展研究,进而为辅导员专业化职业化建设研究提供启示,并且为提高高校思想政治教育工作成效做出理论贡献。

本研究共分七个部分:

第一部分为导论,重点说明本研究选题的缘由、研究的目的意义及价值所在,分析国内外研究动态,阐明研究的基本思路、主要方法与创新之处。

第二部分为高校辅导员职业能力相关问题阐释,包括对基础性概念的分析与界定、相关理论性概念的阐释、高校辅导员职业能力的价值形态与主要功能、辅导员职业能力的主要特征等问题的理论探讨。

第三部分为高校辅导员职业能力研究的理论基础。本部分重点阐述马克思主义及马克思主义中国化理论中的人的全面发展理论、思想政治教育理论;研究借鉴了国外的职业发展理论以及管理学、心理学中的激励理论;在马克思主义及马克思主义中国化理论尤其是在习近平总书记关于教育的重要论述的指导下,探讨高校辅导员职业能力的发展与提升问题。

第四部分为高校辅导员职业能力的结构框架。本部分依据国家相关法规文件和学界研究成就,分析探讨辅导员职业能力体系,包括辅导员职业能力的结构层次、能力之间的逻辑关联,以及职业核心能力、职业拓展能力和基础职业能力的主要内涵及其指向。

第五部分为高校辅导员职业能力发展的基本条件,主要从辅导员职业能力发展的思想基础、专业基础、知识基础和实践基础等角度阐述职业能力提升的教育背景因素和职业发展上的自我完善与追求,交代了辅导员职业能力发展所应具备的精神动力、知识底蕴、专业支撑和实践根基。

第六部分为高校辅导员职业能力现状与时代要求。本部分以辅导员重要作用的发挥为基础,剖析了辅导员能力发展的基本现状、成就与不足、职业能力发展的影响因素及其背后的动因;阐释了辅导员职业能力发展的时代挑战与机遇;叙述了在辅导员职业能力发展过程中的新挑战,包括来自多元化价值观、科技创新与发展、专业素养和职业能力要求的挑战;阐明了辅导员职业能力发展的新机遇,包括党和国家高度重视高校思想政治教育、辅导员专业化职业化建设、信息技术为辅导员能力发展提供支撑等问题。

第七部分为高校辅导员职业能力建设的路径选择。本部分以树立辅导员职业能力提升的时代理念为前提,阐述了辅导员职业能力提升的基本策略、实践路径和辅导员职业能力建设的支撑体系。

(二)研究方法

1. **文献研究法**。本课题依据研究的目的与研究过程需要,主要采取文献研究法:通过检索中国期刊全文数据库、中国优秀博硕士学位论文全文数据库、报刊文献及相关网站等,对国内外关于高校辅导员特别是关于辅导员职业能力的文献进行搜集、梳理、分析、归纳和概括,积极学习借鉴和吸纳学界的研究资料与研究成果,从分析辅导员职业能力研究现状中获得丰富本研究的主要思路,从前人或目前学界同行的不懈探索及研究局限中找到本研究的创新点。

2. **比较研究法**。本书通过分析比较不同类型、不同境遇下的辅导员职业能力,探索辅导员职业能力形成的前提及发展变化的缘由;力图通过分析不同地域、不同类型、不同机制下的高校辅导员职业能力及其发展势态,探索辅导员职业能力发展的途径与机理;通过比较研究各类职业能力因素在职业能力框架中的不同地位作用,总结归纳概括高校辅导员职业能力的层次结构及各能力要素之间的关联;从比较分析中外高校学生事务工作的差异中探寻具有中国特色的高校辅导员职业能力发展的未来走向和培养策略,使中国高校辅导员的专业化职业化发展更切合中国的实际。

3. **系统研究法**。辅导员的职业能力问题是一个包罗万象的复杂系统,其内涵极为丰富。能力因素的冗杂多变,内部要素的逻辑关联,外部影响因素中的显性与隐性并存,政治、经济、文化、社会及技术等层面的因素交叉融汇,人的精神追求与物质世界的投缘,历史传统的张力与现代思维的对话,等等,构成了令人眼花缭乱的学术研究图景,其研究及创新难度可想而知。本研究以"辅导员""职业""能力"几个关键词语为抓手,以辅导员职业能力及其发展为线索,坚持历史研究与问题研究相结合、宏观研究与微观研究相结合、文献研究与实证研究相结合、理论研究与实践研究相结合,着眼于构建科学合理的辅导员职业能力结构体系,把握职业能力提升的内因与外因

15

及其相互作用,系统地分析论证高校辅导员职业能力问题,探索拓宽辅导员职业能力提升的实践路径,期待出现理想的研究成果。

四、研究创新之处

1. **在辅导员职业能力的特征及结构形态研究上寻求突破**。学界对辅导员职业能力的基本特征及其结构形态众说纷纭,尚未形成一个简单而公认的描述。本书意在通过对辅导员职业能力的价值、功能、特征、培养途径的探讨,丰富辅导员职业能力发展理论,在辅导员职业能力的主要特征研究与结构形态研究上创新。本书认为,政治性是辅导员职业能力的本质属性,教育性是辅导员职业能力的基本属性,实践性是辅导员职业能力的职业属性,综合性是辅导员职业能力的岗位属性。辅导员职业能力结构具有职业基本能力、职业核心能力和职业拓展能力三种形态,三种形态之间存在着复杂的逻辑关联。

2. **在破解辅导员职业能力发展的瓶颈上寻求理论创新**。学界对辅导员职业能力的发展做了较多的探讨,但对影响辅导员职业能力发展的根源性因素还缺少深入的剖析。本书认为,应从思想政治教育,而不是从学生工作角度探讨制约辅导员职业能力发展的因素,剖析思想认识根源和理论根源以及与之相关联的教育环境,从制度化、法治化等角度研究破解影响辅导员职业能力发展的症结所在。本书认为,研究辅导员职业能力发展,需要探讨解决思想政治教育与学生工作之间的关系。研究辅导员的能力,必须从思想政治教育工作出发,不能把思想政治工作与学生工作混为一谈。

3. **在探索辅导员职业能力提升的路径上寻求机制创新和实践创新**。推进辅导员职业能力发展,需要内外因素的结合,但更需要在体制机制建设上加大力度。本研究从剖析辅导员职业能力发展的现实境遇入手,探索辅导员职业能力发展的实践路径与支撑体系,认为要建立辅导员职业能力发展的长效机制,必须改革辅导员队伍管理体制,加大管理机制建设,尤其是激励机制建设,以增加辅导员职业的稳定性与职业吸引力,形成制度化的职业能力发展体系,促进辅导员的职业兴趣与自我成就感,激励辅导员奋发向上,积极进取。

第一章 高校辅导员职业能力相关问题的阐释

研究高校辅导员职业能力问题,不可避免地涉及辅导员职业角色的定位以及与职业能力发展相关的概念和理论问题。本章从分析阐述辅导员及其职业能力的基本意蕴起步,阐释了高校辅导员职业能力的价值功能及辅导员职业能力所蕴含的政治性、教育性、实践性和综合性等主要特征,为深入探讨辅导员职业能力的层级架构和研究探索职业能力提升的实践路径提供前提性依据。

一、相关概念的分析与界定

(一)辅导员概念内涵

1. **辅导员名称**。我国高校的"辅导员"概念最早出现于 1952 年 8 月,在教育部颁发的《关于在高等学校有重点地试行政治工作制度的指示》中首次提出:政治辅导员的主要任务是在政治辅导处主任领导下,辅导一系或几系学生的政治理论学习和社会活动,组织推动教职员的政治理论学习和社会活动。当时高校设立"辅导员",主要出于高校政治工作的需要,因此名称为"政治辅导员",其工作对象不仅有高校学生,也包括教职员。随着高校辅导员制度的发展,以学生思想政治工作为主要职责的高校辅导员概念基本形成。

在中国高等教育发展进程中,"辅导员"逐渐发展为一个特殊职业群体名称。它既属于教师队伍中的重要成员,又以一个特殊的政治身份形象彰显于公众视野;既具有"传道解惑"的高校教师的特质,又具有学生事务管理的某些现实职能;虽身处思想政治工作队伍之中,但其地位与工作属性又迥异于政工干部和思政教师。梳理相关文献典籍中关于高校辅导员名称使用上的差异,有助于我们理解辅导员职业能力及其核心意义的指向。

"政治辅导员"。从中华人民共和国成立初期中国高校创建政治辅导员制度及颁布《关于政治辅导员工作条例》起,"政治辅导员"概念即走入了中国高等教育改革发展的实践。虽然受不同程度的政治语境变化的影响与制约,但其基本意蕴得到了人们的公认,使用惯例一直存续至今。1980 年以后的相关权威文件中也多次出现"政治辅导员"字样,例如 1980 年教育部、共青团中央《关于加强高等学校学生思想政治工作的意见》,1984 年中共中央宣传部、教育部《关于加强高等学校思想政治工作队伍建设的意见》,1986 年中共中央、国务院批转的《国家教委关于加强高等学校思想政治工作的决定》,1990 年《中共中央关于加强高等学校党的建设的通知》,2000 年中共教育部党组《关于进一步加强高等学校学生思想政治工作队伍建设的若干意见》,2001 年《教育部关于加强普通高等学校大学生心理健康教育工作的意见》,2002 年《教育部关于进一步加强高等学校学生公寓管理的若干意见》等文件,都提到了政治辅导员。2015 年出版的《中华人民共和国职业分类大典》在表述高等教育教师的主要任务时,其中有一项是"负责学生思想政治工作,担任班主任或政治辅导员"。

"高等学校辅导员"。2002 年以后,国家相关文件在辅导员名称使用上,开始出现"高等学校辅导员"或"普通高等学校辅导员"字样。2004 年《中共中央 国务院关于进一步加强和改进大学生思想政治教育的意见》(以下简称"2004 年 16 号文件")提出:"大学生思想政治教育工作队伍主体是学校党政干部和共青团干部,思想政治理论课和哲学社会科学课教师,辅导员和班主任。"①辅导员名称的前缀没有"政治"字样。2005 年《教育部关于加强高等学校辅导员班主任队伍建设的意见》②,开始使用"高等学校辅导员"名称。2006 年以后的教育部文件中使用了"普通高等学校辅导员"名称,直至目前。本书依据上述文件,使用"高校辅导员"这一现实名称。

"学生辅导员"。2000 年中共教育部党组《关于进一步加强高等学校学生思想政治工作队伍建设的若干意见》首次使用了"学生政治辅导员"这个名称,2003 年《教育部办公厅关于进一步加强高校学生管理工作和心理健康教育工作的通知》首次使用了"学生辅导员"这个名称。2013 年《中共中央

---

① 中共中央,国务院.中共中央 国务院关于进一步加强和改进大学生思想政治教育的意见[Z].2004 – 10 – 15.

② 中华人民共和国教育部.教育部关于加强高等学校辅导员班主任队伍建设的意见[Z].2005 – 01 – 13.

组织部　中共中央宣传部　中共教育部党组关于加强和改进高校青年教师思想政治工作的若干意见》①中也有"鼓励优秀青年教师兼任学生辅导员"的明确要求,进一步表明"学生辅导员"名称仍在使用。此名称也常见于一些文章或著述中,例如,方宏建、张宇在《高校学生工作概论》一书中写道:"学生辅导员是为实施大学生思想政治教育、学生成长发展指导和学生事务管理而设置的专职工作岗位。"②但就"学生辅导员"这一名称而言,在理解上存在歧义,既可以理解成从事学生工作的辅导员,也可理解成学生兼职担任辅导员。

2.**辅导员定义**。顾名思义,辅导员的本意应是指帮助和指导的人员。但作为中国教育中一个专有名词,其含义十分丰富。高校辅导员在不同时期的文献典籍中有不同的定义表述:

1999年版《辞海》对辅导员所下的定义为"中国高等学校的基层政治工作干部"。《中国大百科全书·教育》将辅导员定义为"中国高等学校的基层政治工作干部,基本任务是对学生进行思想政治教育,做好学生的思想政治工作"。

2017年教育部令第43号《普通高等学校辅导员队伍建设规定》第二条:"辅导员是开展大学生思想政治教育的骨干力量,是高等学校学生日常思想政治教育和管理工作的组织者、实施者、指导者。"③

关于高校辅导员定义,目前学界研究表述不一。从实体性定义角度看,辅导员究竟是管理人员,还是教师,抑或既是教师也是管理人员,表达的都是对辅导员"是什么"的判断。如果从辅导员的岗位职责判断,既可以认为是专门负责学生日常思想政治教育的人员(2004年16号文件),也可以理解成履行学生工作职责的专业人员。④ 2017年教育部令第43号从功能性定义

① 中共中央组织部,中共中央宣传部,中共教育部党组.中共中央组织部　中共中央宣传部　中共教育部党组关于加强和改进高校青年教师思想政治工作的若干意见[Z].2013-05-28.

② 方宏建,张宇.高校学生工作概论[M].济南:山东大学出版社,2009:282.

③ 中华人民共和国教育部.普通高等学校辅导员队伍建设规定[Z].2017-09-29.

④ 中华人民共和国教育部.教育部关于印发《高等学校辅导员职业能力标准(暂行)》的通知[Z].2014-03-25.

角度抽象概括了辅导员职业功能,明确表达和确认了辅导员在学生日常思想政治教育和管理工作中的重要地位。

从社会学意义上,辅导员并非一种职业类型,而应是一种职业岗位名称。按照《中华人民共和国职业分类大典》[①],高等教育教师在 1481 个职业中占有一席之地,而高校辅导员所负责的工作不过是高等教育教师的一个工作领域。因此,依据职业分类,高校辅导员的真实职业身份是从事学生思想政治教育的专业人员,或指教师队伍中专门从事思想政治教育的教师。进一步说,就当前高校编制管理以及职务职称管理而言,不仅辅导员属于教师队伍中的成员,除党政主要负责人之外的几乎所有政工干部已列入教师序列,辅导员自然当之无愧地属于专业技术人员。

从教育学意义上,高校辅导员的工作属于德育领域,其日常思想政治教育工作是高校德育的重要途径之一。辅导员的主要任务是对学生的"教育",而非"管理"或"服务"。辅导员的教育任务主要是日常思想与政治立场、政治方向的教育,良好道德行为规范的引领,做人做事基本素养的培育。辅导员有管理职责,但辅导员是通过管理来实现更好的教育目标,而不是通过教育来实现管理的目标。辅导员依托党团组织、班级组织平台,开展理想信念教育,开展学生骨干的遴选、培养、激励工作,近距离地了解学生的发展需求,关心关爱学生的成长,实施对学生的规范化、社会化教育,客观上促进学生的发展。因此,高校辅导员的职业化存在,不是应学生的生活化需求而存在的,也不是应行政管理需要而存在的,而是应加强学生日常思想政治教育而存在的。辅导员的"教育"属性决定了辅导员是以"师"的身份出现在学生面前,专职辅导员与学生的关系是教育者与被教育者的关系,是师生关系。学生对辅导员的称呼,在私下可以称为"辅导员"或"导员",但当面一般不可能或不应称为"某某辅导员",只能称为"某某老师"。如果弱化了辅导员的教育任务,强化了学生事务工作属性和管理属性,则不仅会失去辅导员作为教师队伍的重要组成部分,也必然失去辅导员在学生日常思想政治教育工作中的应有地位。

---

① 国家职业分类大典修订工作委员会.中华人民共和国职业分类大典[M].北京:中国劳动社会保障出版社,中国人事出版社,2015.

辅导员不仅具有教师的身份,也具有管理人员的身份。辅导员的"双重身份"也反映了高校思想政治工作的重要地位。可以认为,在新的历史时期,国家文件对辅导员干部身份或管理人员身份的行政确认,扩充了辅导员概念的内涵,扩展了专职辅导员的组成范围,既赋予了这一特殊职业群体思想政治教育管理的相应职权,也为这一特殊职业群体的职业发展拓宽了实践路径。

高校辅导员职业内涵的丰富性、多向性使得人们对辅导员概念及定义的理解呈现多样性,不同时期政治经济文化发展及高校教育教学改革诉求给辅导员职业角色扮演带来了难以避免的挑战与困惑,也直接或间接地影响与制约着学界对辅导员相关问题的理性判断。本研究中的辅导员定义依据 2017 年教育部令第 43 号,指在高校从事大学生日常思想政治教育工作的人员。

3. 专职辅导员。从 2006 年《普通高等学校辅导员队伍建设规定》到 2017 年教育部令第 43 号《普通高等学校辅导员队伍建设规定》,专职辅导员的概念经历了一个不断发展变化的过程。2006 年版的《规定》对专职辅导员的设置是:"按师生比不低于 1∶200 的比例设置本、专科一线专职辅导员岗位。""每个院(系)的每个年级应当设专职辅导员。"据此,高校专职辅导员分为"一线专职辅导员"和"专职辅导员"。

2011 年教育部办公厅印发了《教育部办公厅关于开展普通高等学校辅导员队伍建设情况自查工作的通知》①,该文件的"附件 3"对专职辅导员、一线专职辅导员分别做了如下界定:专职辅导员是指在一线从事大学生日常思想政治教育工作的人员,包括院(系)学工部长、团总支书记、党总支副书记等副处级以下从事学生工作的人员。一线专职辅导员是专职辅导员的一部分,是指专职在一线从事大学生日常思想政治教育工作的辅导员,不含院(系)学工部长、团总支书记、党总支副书记等。从学术研究的角度看,该文件对专职辅导员的概念表述并不十分严谨:第一,依据该文件对于辅导员的定义,"专职辅导员"与"一线专职辅导员"是同一概念,因为"专职"所表达

---

① 教育部办公厅.教育部办公厅关于开展普通高等学校辅导员队伍建设情况自查工作的通知[Z].2011 - 03 - 03.

的意思就是"在一线从事大学生日常思想政治教育工作",但学工部长、团总支书记、党总支副书记等却不是"一线专职辅导员";第二,在院(系)范围内所有从事"学生工作"的人员都是辅导员,把"学生工作"与"学生思想政治教育工作"简单地画等号。从辅导员概念内涵的角度看,该文件清晰地传达了一种意向:院(系)学工部长、团总支书记、党总支副书记等学生专职政工人员都是专职辅导员。其积极意义在于:扩大了专职辅导员的概念范畴,拓宽了学生思想政治教育工作的视野,拉高了大学生日常思想政治教育工作的地位,为辅导员具有教师和管理人员的"双重身份"做了新的诠释,为辅导员的职业发展拓宽了晋升通道。但从学术探讨的角度,从事学生事务管理的人员都是专职辅导员,在概念上似乎消解了思想政治教育工作与学生事务工作的差别,冲淡了学生日常思想政治教育与学生管理工作的差异,弱化了学生日常思想政治教育所需要的人文素养与专业技能,势必对专职辅导员的专业化培养培育造成不应有的影响与冲击。

2017年教育部令第43号《普通高等学校辅导员队伍建设规定》对专职辅导员的设置有新的明确规定,反映了国家对辅导员队伍建设的高度重视。如教育部令第43号规定"按师生比不低于1∶200的比例设置专职辅导员岗位。按照专兼结合、以专为主的原则,足额配备到位",明确了专职辅导员"是指在院(系)专职从事大学生日常思想政治教育工作的人员,包括院(系)党委(党总支)副书记、学工组长、团委(团总支)书记等专职工作人员,具有教师和管理人员双重身份"。本书的专职辅导员概念遵照2017年教育部令第43号的提法。

需要补充说明的是,辅导员包括哪些人员对研究辅导员职业能力来说并不是一个可有可无的问题,因为研究对象的主体是谁,直接涉及职业能力的结构及培养途径。如果连研究对象是谁、工作职责是什么都不清楚,如何研究其能力的结构和培养途径? 因此,研究辅导员职业能力,即使在辅导员概念上也不能将学生日常思想政治教育工作与学生事务管理工作混为一谈。

4. 辅导员与班主任。研究辅导员问题,不可避免地涉及班主任的问题。在涉及高校思想政治教育工作时,许多文件把辅导员与班主任相提并论。辅导员+班主任的模式是新中国成立以来高校施行学生思想政治教育、日常管理和素质教育的一种主要形式。据学者研究统计,目前施行辅导员＋班主任模式的高校,占到了全部高校的97.5%。①

本书以为,辅导员与班主任两者之间既有共生共融、相互支撑的密切联系,也有在来源、选配、职责及发展走向等方面的差别,从有利于提高大学生思想政治教育质量、合理调整资源配置、推进辅导员职业发展的角度有必要对二者的关系加以分析探讨。

(1)二者的相同点与趋同点。在开展思想政治教育活动上,辅导员与班主任都工作在大学生思想政治教育的第一线,都是大学生思想政治教育的骨干力量,在思想、学习和生活等方面都负有指导学生、关心学生的职责,都按照党委的部署有针对性地开展思想政治教育活动。

在职业岗位基本要求上具有相近性。"必须坚持政治强、业务精、纪律严、作风正的标准,把德才兼备、乐于奉献、潜心教书育人、热爱大学生思想政治教育事业的人员选聘到辅导员、班主任队伍中来。""在事关政治原则、政治立场和政治方向问题上不能与党中央保持一致的,不得从事辅导员、班主任工作。"②

在选聘原则与选聘方式上具有相同或相似性。比如:辅导员与班主任都要求具备较强的政治业务素质与组织管理能力;选聘工作都要在学校党委统一领导下,采取组织推荐和公开招聘相结合的方式进行;等等。

(2)二者的不同点。岗位职责范围上存在差异。按照2004年16号文件,辅导员按照党委的部署有针对性地开展思想政治教育活动,班主任负有在思想、学习和生活等方面指导学生的职责。2017年教育部令第43号对辅导员的主要工作职责进行了新的规定,确定了思想理论教育和价值引导、党团和班级建设、学风建设、学生日常事务管理等工作职责。

在选聘的要求上存在差异。辅导员在政治素养、学历学位和能力上有较高要求,2017年教育部令第43号明确提出了辅导员的五项基本条件,不仅要求较高,而且明确、具体。而对班主任的选聘,2005年教育部的文件要

① 周家伦.高校辅导员:理论、实务与开拓[M].上海:同济大学出版社,2011:102.
② 中华人民共和国教育部.教育部关于加强高等学校辅导员、班主任队伍建设的意见[Z].2005－01－13.

求是:应从思想素质好、业务水平高、奉献精神强的教师特别是中青年教师中选聘。①

激励机制的侧重点不同。辅导员要解决的是职务评聘和职业发展前景问题。2017年教育部令第43号对辅导员的发展做了明确规定,其中高等学校应当"落实专职辅导员职务职级'双线'晋升要求","按教师职务(职称)要求评聘思想政治教育学科或其他相关学科的专业技术职务(职称)","专职辅导员专业技术职务(职称)评聘应更加注重考察工作业绩和育人实效,单列计划、单设标准、单独评审"。高等学校应当"根据辅导员的任职年限及实际工作表现,确定相应级别的管理岗位等级"。而兼职班主任在晋升专业职务时,其担任班主任的工作经历和业绩成为晋升的充分条件或必要条件,鼓励专任教师或青年教师担任班主任工作,如2017年教育部令第43号提出:"青年教师晋升高一级专业技术职务(职称),须有至少一年担任辅导员或班主任工作经历并考核合格。"

岗位配置安排有所不同。辅导员有专兼职要求,班主任则仅限于兼职。专职辅导员总体上按1:200的比例配备②,而兼职班主任的配备要求是每个班级配备一名兼职班主任。

(3)二者在设置上存在一定的矛盾冲突。二者都有思想教育职责和管理学生的职责,但在开展日常思想政治教育及指导学生班级组织活动上尚需细致分工,而且辅导员与班主任的绩效考核在重视程度上存在较大的差异。班主任大多由教师兼职,其工作职责行使与绩效考核如何实现等问题,尚有待深入研究与落实。

(4)二者在发展上的可能走向。第一种可能:二者相互支撑,相互配合,在现有基础上继续发挥作用。第二种可能:班主任以兼职辅导员的身份出现,融于辅导员概念体系之中。第三种可能:专职辅导员的职责包容了班主任的职责。从高等学校职业岗位的法制化设置、教育对象的成人性等角度出发,应尽量避免思想政治教育岗位管理上的叠床架屋以及相关兼职人员

---

① 中华人民共和国教育部.教育部关于加强高等学校辅导员、班主任队伍建设的意见[Z].2005-01-13.

② 中华人民共和国教育部.普通高等学校辅导员队伍建设规定[Z].2017-09-29.

的考量缺失。

(二)辅导员职业能力

1. **职业的主要含义**。在社会学意义上,职业是指从业人员为谋取主要生活来源所从事的社会工作类别。"职业是随着社会分工而出现的,并随着社会分工的稳定发展而构成人们赖以生存的工作方式。"[1]因此,职业不仅是一种谋生的手段和途径,也是人与人、人与环境、人与社会建立联系的通道和窗口,也是一个社会人应当承担的社会角色和社会责任的代名词。

2. **能力的主要含义**。关于能力的概念,国内外并无统一的公认的界定。《辞海》的解释为:"能力指顺利完成某种活动并直接影响活动效率所必需的个性心理特征……人的各种能力是在素质的基础上,在后天的学习、生活和社会实践中形成和发展起来的。"在管理心理学中,能力是指人们成功地完成某种活动所必须具备的个性心理特征。[2] 一般认为,能力具有两种含义:一是指已经发展出或是表现出的实际能力,如会开车、会滑雪,等等;二是指潜在能力,即各种实际能力展现的可能性。能力具有多层性和多重性。如有学者认为:"能力具有多重维度,既体现为个人的特质,也体现为职业的要求;既体现为认知层面的价值和理念,也反映在实践中的技术和才能,需要从整体上把握和认识。"[3]

3. **职业能力的概念**。一般认为,职业能力(Occupational Ability)是人们从事某一职业所必须具备的本领和技能,是从业者在职业岗位上所蕴含并在职业行为中彰显出来的多种能力的集合。它既是确定职业资质标准和实现从业的基本条件,也是完成职业的任务与要求、实现职业发展目标的基本保障。由于不同的职业对职业能力有不同的界定和要求,不同的学科对职业能力的内涵有不同的理解,因而学界对职业能力的定义不尽相同。有的研究者从心理学角度将职业能力定义为成功从事特定职业所具备的一系列综合性、稳定性的心理特征;有的研究者从管理学角度将职业能力定义为某

---

① 中国大百科全书总编辑委员会《教育》编辑委员会,中国大百科全书出版社编辑部. 中国大百科全书:教育[M]. 北京:中国大百科全书出版社,1985.

② 吴晓义,杜今锋. 管理心理学[M]. 2版. 广州:中山大学出版社,2009:41.

③ 杜瑞军,周廷勇,周作宇. 大学生能力模型建构:概念、坐标与原则[J]. 教育研究,2017(6):44 - 57.

人胜任某个岗位需要的标准化的意志态度、知识结构和技能行为。随着心理学、管理学理论的发展,职业能力的内涵逐渐从强调单一方面转变为强调多个方面的综合影响。①

4. 职业能力的特征。可塑性与发展性。职业培训的意义基于人的可塑性与发展性,人在从事某种职业后,随着实践的深入与时间的推移,个体职业能力呈现不断增长的趋势。人有着无限发展的可能性,人的能力永远处于塑造之中,具有不断追逐理想的境界,向着无限的职业发展的"可能性"行进,具有努力建设一个属于自己的职业理想境界的力量。

建构性与整合性。职业能力不是先天素质独立发展而成的,职业能力与工作环境和岗位要求息息相关。职场工作的要求,工作对象的需求,工作的问题情境,使得职场人将自己原有的知识和能力与新的岗位知识和技能相联结、架构,进而生成新的能力。某些职业岗位不仅要求人员具有一般的工作能力,还要求具备特殊的专业能力或综合能力,这就需要职场人不断地调整能力结构,对能力要素重新整合,以适应职业岗位的需求。

创新性与拓展性。创造是人的生命和生活之源,人的本质就是人的创新创造活动,只有在创新创造活动中,人才能占有自己的本质,才能获得真正的自由和解放。职业能力不仅具有创新性,还具有拓展性;不仅能主动拓展工作,还能主动学习进取,积累知识与经验,实现能力的迁移。

5. 辅导员职业能力。关于高校辅导员职业能力,许多学者曾进行过深入探索,但迄今为止,对辅导员职业能力的内在特殊规定性尚未达成共识②,对辅导员职业能力内涵的理解认识差异较大。比如,杨继平、顾倩将辅导员的职业能力定义为:能够做好大学生辅导员工作所具备的人格结构、行为结构、能力结构和知识结构。③ 将应该具备的人格、行为、能力与知识的结构定义为辅导员职业能力,似乎概念表述不够严谨。本研究认为,高校辅导员职业能力是指在组织实施日常思想政治教育过程中所表现出来的由知识、技

---

① 张宏如.高校辅导员职业能力研究[J].思想理论教育导刊,2011(9):117 - 119.

② 杨建义.高校辅导员专业成长研究:基于思想政治教育学科的视野[M].北京:社会科学文献出版社,2014.

③ 杨继平,顾倩.大学辅导员胜任力的初步研究[J].山西大学学报(哲学社会科学版),2004(6):56 - 58.

能、方法、态度与价值观综合而成的一种素养和行为模式,在内涵上包括政治方向引导、思想价值引领、道德行为指导、思想与心理问题疏导等思想政治教育能力,指导党团学组织建设、实施日常教育管理的组织管理能力,语言表达、信息处理、人际关系、学业辅导等基础性能力和教育科研、创新创造等方面的拓展性能力。需要补充说明的是,辅导员职业能力的核心是思想政治教育能力,它是在思想政治教育工作目标指引下,由多种能力有机组合而成的。从思想政治教育的概念角度来看,思想政治教育"是指社会或社会群体用一定的思想观念、政治观点、道德规范对其成员施加有目的、有计划、有组织的影响,使他们形成一定社会、一定阶级所需要的思想品德的社会实践活动"[①]。中国高校思想政治教育是一种特有的培养人的社会实践活动,是一种传播正能量的社会实践。因此,高校辅导员的职业能力,尤其是处于核心地位的思想政治教育能力是一种不同于其他职业的特殊能力,是一种传播正能量的职业能力。从辅导员履行工作职责和完成工作任务角度来看,辅导员的职业能力是显性能力与隐性能力的统一。辅导员的显性职业能力的发挥,必须依托专业知识的积累、情感素养的支撑以及专业技能的训练,因此,辅导员职业能力在外在表现上体现为政治方向引领力、道德品质规范力、思想教育引导力、组织管理协调力、生活行为指导力以及职业工作创新力。辅导员的隐性职业能力突出体现为品格影响力、自我学习力和心理调适力。辅导员的职业品格包含职业道德、职业信念、职业精神、职业追求等职业素养,外化为职业工作亲和力、凝聚力和感召力。身教胜于言教,表达的就是一种隐性能力的作用。自我学习力具有可测量性的显性能力的一面,但更多地表现为难以测量的隐性能力,如知识上的自我更新、经验上的自我积累与反思,实际上都是一种难以模仿和复制的能力。辅导员的心理调适力是较强的心理素质的体现,也是抗御工作困难和勇于面对工作挫折所必须具备的职业品格之一。辅导员作为教师,需要"内建自我心态调节的自觉,以超越的精神品性,甘于平凡并能真诚无私地奉献";需要"以敬业

① 陈万柏,张耀灿.思想政治教育学原理[M].2版.北京:高等教育出版社,2007:4.

的品性和乐业的心态,展现教书育人为乐的精神气质和风貌"。①

(三)高校辅导员职业素养

1.素养的基本内涵与指向。素养一般指由训练和实践而获得的技巧或能力。其本意常指素质与教养,但随着社会经济文化生活的演进,其含义越发丰富和深远。从20世纪后半叶开始,一些国家或有关国际组织开始组织相关专家学者开展新的能力和素养的研究。在20世纪末经济合作与发展组织(OECD)关于"素养的界定与遴选"项目中,素养被定义为"对学习持有热情及积极性,并由此付诸实际行动的一种能力,属于人的本质特征"。在此概念表征下,每个人的素养指动机、态度、技能、知识以及在复杂情况下灵活运用这些资源的能力。② 由此,素养作为能力的综合性概念开始呈现在人们面前。而后,该组织又将"素养"一词简洁界定为:"素养(competency)不只是知识与技能。它是在特定情境中通过利用和调动心理社会资源(包括技能和态度)以满足复杂需要的能力。例如,有效交往的能力是一种素养,它可能利用一个人的语言知识、实用性信息技术以及对其交往的对象的态度。"③这里,素养体现为一种以创造与责任为核心的高级心智能力。随着世界范围内教育改革的推进,学界对素养的内涵与指向有了新的认知,主要体现为:第一,个体素养的形成是不断进行自我学习、自我融合教育资源并达到自我提升素质的过程,素养的高低取决于自我后天努力的程度。第二,素养的形成与情境因素息息相关。个体素养的高低,无论是学生发展素养还是职场人的职业素养,无论是政治素养与业务素养还是思想素养、理论素养、道德素养等,都与情境变化密切相关,都取决于一定社会环境下的训练、培育或熏陶。第三,素养具有多种功能。它能够满足个人生活、社会生活和职场生活等方面各不相同的重要需要,帮助个人解决不同情境下的复杂问题,达到所有追求的重要目标。素养的崭新意境,越来越刷新着人们对能力、素质和教养等问题的认知。素养的内涵不断扩大,已成为包容能力、品

① 韩延伦,刘若谷.教育情怀:教师德性自觉与职业坚守[J].教育研究,2018(5):83-92.

② 立田庆裕.教师核心素养的获得[M].赵卫国,译.北京:北京师范大学出版社,2022:18-19.

③ 钟启泉,崔允漷.核心素养研究[M].上海:华东师范大学出版社,2018:27.

德、情意等因素的集合体，但它的最初意义，依然作为重要的内涵蕴藏在现今的概念之中。比如，就一个人的专业素养而言，它包容了专业知识、专业技能、专业能力、专业作风、专业情操、专业精神等多方面内容，是在一定情境下学习与训练或自我修炼的结果，远非一般意义上的"专业修养"概念所能涵盖的。

2. 核心素养的概念与特征。 所谓"核心素养"，顾名思义，一般是指最关键、最核心、最重要的素养。就概念的起源来说，指在 21 世纪初世界教育改革浪潮中兴起的一个热门概念或话题，其定义众说纷纭，至今尚未形成一个统一的说法。但有关国际组织和一些国家依据自身的社会发展需求与文化底蕴各自给出了相应的定义或概念表述。比如，欧盟对核心素养的定义为："核心素养是指所有个体达成自我实现和发展、成为主动的公民、融入社会和成功就业所需要的那些素养。"[1]2002 年 3 月，欧盟在《知识经济时代的核心素养》中提出"核心素养代表了一系列知识、技能和态度的集合，它们是可迁移的、多功能的，这些素养是每个人发展自我、融入社会及胜任工作所必需的"。新西兰对核心素养的定义是："核心素养是为了适应当前以及未来生活和学习的素养。"[2]2014 年 3 月 30 日，《教育部关于全面深化课程改革 落实立德树人根本任务的意见》中提出，学生核心素养是"学生应具备的适应终身发展和社会发展需要的必备品格和关键能力"[3]。

可见，文化背景和语境不同，使得对核心素养的理解与表述存在差异，如西方一些国家的相关学者对核心素养的认识更偏重于能力，认为核心素养是指一个人成功应对世纪生活中某种活动所需要的"胜任力或竞争力"，或是指"关键能力"，如美国学生发展核心素养就包括了五种能力，即学习能力、创新能力、计算机能力、生活能力、职业能力。而中国的核心素养内涵则是能力与品格的合而为一，重视品性的修炼，是知识、能力、情感、态度的高度整合。必备品格与关键能力共同支撑着人的发展。核心素养虽有诸多定义和阐释，但创新精神和实践能力都以其独特的价值功能融汇并贯穿于核

---

① 钟启泉,崔允漷.核心素养研究[M].上海:华东师范大学出版社,2018:28.

② 钟启泉,崔允漷.核心素养研究[M].上海:华东师范大学出版社,2018:134.

③ 中华人民共和国教育部.教育部关于全面深化课程改革 落实立德树人根本任务的意见[Z].2014－04－08.

心素养的框架体系之中。

可以认为,核心素养就是人在与具体情境的互动实践中通过自身努力习得的能应对复杂挑战的关键性特质,它超越了传统意义上能力与素养的概念,是新时代能力形态的新表达、素养概念结构的新表述。从核心素养的内涵看,核心素养具有时代性、综合性、统领性和联通性特征。核心素养的"时代性"是指它是顺应时代发展需求而诞生的"新能力",并且其内涵也会随着时代的发展不断得到充实。核心素养的"综合性"是指它集知识、能力和品质为统一整体,是能力与品格的系统化整合,凸显发展性与现实性的统一、未来社会发展需要与现实社会诉求的统一、能力系统与情意系统的统一。核心素养的"统领性"是指核心素养是一种价值召唤和价值引领,它指向培养什么人和怎样培养人的问题。它既属于教育目的的宏观表述、教育目标的顶层设计和价值召唤,也蕴含着课程目标的价值引领。核心素养的"联通性"是指核心素养具有鲜明的网络特征。[①] 核心素养的动态建构与作用发挥的过程即各个素养节点通过联通管道进行网络化、意义化联结与创生的过程。核心素养(中心节点)所具有的联结其他核心素养以及一般素养的联通性,是素养网络产生现实意义和可持续发展的基础与关键所在。如果说,在变化的情境中各个核心素养是联结在一起发挥作用的,那么,思想素养、精神素养、文化素养、科学素养等只有在一定情境下紧密融合为一体,才能称为核心素养,也才能发挥出最大的解决问题的功效。同理,知识、技能、能力、情感态度、价值观等只有在一定情境下紧密融汇与联通,才能体现核心素养的核心属性与最大的引领价值。

3.辅导员职业素养的意蕴。所谓职业素养,是人类在社会活动中需要遵守的行为规范,是指职业内在的规范和要求,是在职业过程中表现出来的综合品质,包含职业道德、职业技能、职业行为、职业作风和职业意识等方面。就其本意而言,职业素养指由学习、训练和实践而获得的知识、技能、能力以及包括职业精神、职业理想、职业追求和职业道德等的职业品性。从狭义的角度讲,职业素养与职业能力具有同一性与互通性,在某种语境、某种特定情境中,职业素养就是职业能力,职业能力就是职业素养,比如,政治判

---

① 钟启泉,崔允漷.核心素养研究[M].上海:华东师范大学出版社,2018:58.

断力既是一种能力,也是一种政治素养或理论素养。个体的职业能力与个体的职业素养,都是一种符合职场任务要求的行为模式,都与后天的学习与修炼相关联。但在不同的语境下,素养与能力的内涵表述存在差异,职业能力的意义更倾向于解决职场具体问题的现象表征,而职业素养的意义则不仅包含职场具体问题的解决,还指向解决问题所需要的情感态度与价值观,指向解决问题所应具备的人的品性与格局,指向解决问题的价值样态。不仅如此,职业能力往往用于特定情境中的具体表现,如教师的教育教学能力、教师的课堂调控能力等。而职业素养往往用于描述个人在某一特定领域的造诣或可能达到的程度,如教师的专业素养或职业素养就包括但不限于教师的教育教学能力,教师具备良好的职业素养就一定意味着教师具有较强的教育教学能力和较高的教学水平。又如某人具有极佳的学术素养,就是指他的学术思想、学术品格、学术精神、学术追求、学术研究能力等都达到一定的水准。虽然职业素养与职业能力都包含后天修炼的能力成分,但由于指向上的差异、词意来源上的差异(素养的本意中含有品德涵养之意)等,即使狭义上的职业素养,也不能与职业能力完全等同,如政治素养、军事素养、理论素养、学术素养等,一般不能表述成政治能力、军事能力、理论能力、学术能力等。因此,职业素养与职业能力往往相伴而行,提高职业能力与职业素养的提法并不鲜见。从广义的角度讲,素养包括能力但不限于能力领域,是一种比能力更高的界面,它的内涵框架中不仅包括知识、技能、能力,也包括情感态度、价值观以及品德、品性、品格等诸多情意因素。有人说,"能力将你带上峰顶,德行将让你永驻那儿"[1],讲的就是素养的重要地位。由广义的素养内涵推而论之,职业素养是职业能力的上位概念,影响并制约着职业能力的发展方向与目标取向。

辅导员的职业素养包括职业能力、职业道德、职业信念、职业追求、价值判断与人生追求等。正确的人生目标,坚定的政治信念,强烈的工作责任感、使命感,以及良好的思想作风、工作作风和生活作风等,都不是职业能力框架所能详尽包容的,但职业能力的体现、职业能力的发挥、职业能力的提升等与职业素养息息相关,紧密联结,难以割舍。因此,研究辅导员的职业

---

① 成尚荣.核心素养的中国表达[M].上海:华东师范大学出版社,2018:6.

能力不能脱离对辅导员职业素养的研究。同样,研究辅导员职业素养,尤其是研究辅导员的核心素养问题也必须要重视对辅导员职业能力的深入探究。

从素养概念内涵的不断扩充与延展角度,有必要重新审视辅导员的职业素养问题。可以认为,辅导员的职业素养是辅导员在思想政治工作实践中逐步形成的适应个人终身发展和社会发展需要的必备品格与关键能力,是应辅导员职业使命与职业要求所需的知识、技能、能力、情感态度、价值观的集合体,它是技能要素与情意要素、知识要素的统一。辅导员的必备品格是辅导员开展职业工作的内在根基,它蕴含着辅导员的职业追求、职业精神、职业道德和职业精神;辅导员的关键能力或核心能力是辅导员从事学生思想政治工作的本质力量,具有综合性、创造性、发展性、包容性和联通性等特征。只有不断提升辅导员的职业素养,才能更好地促进大学生的全面发展,为中国高校高素质人才培养贡献应有的力量。

二、辅导员职业能力的价值功能

研究辅导员职业能力,不可避免地涉及辅导员职业地位以及对辅导员职业能力发挥功效的期待。辅导员职业能力的价值及其功效,既属于辅导员职业能力研究的基本理论范畴,是探讨辅导员职业能力本质所必需;也是研究探索辅导员职业能力发展的实践途径,解决辅导员能力发展困惑的重要理性前提。

(一)辅导员职业能力的价值形态

1. 辅导员职业能力因其对社会人才培养的贡献而具有重要的社会价值。党和国家高度重视辅导员在高校思想政治教育中的重要地位。重视辅导员职业能力的培养,实际上也是对辅导员职业能力所蕴含的社会价值的体认。2004 年 16 号文件明确指出:"辅导员、班主任是大学生思想政治教育的骨干力量,辅导员按照党委的部署有针对性地开展思想政治教育活动。"2017 年教育部令第 43 号指出:"辅导员是开展大学生思想政治教育的骨干力量,是高等学校学生日常思想政治教育和管理工作的组织者、实施者、指导者。"辅导员的职业价值因其认真践行职能和实现社会功效而得到国家和社会的公认。辅导员致力于立德树人和又红又专的高素质人才培养,辅导员职业能力的价值也在高校的育人实践中不断地彰显和放大。对辅导员职业能力而言,其最高的社会价值体现在提高大学生的思想政治觉悟、道德境界、人格品质,满足大学生的德行需求和全面发展需求。辅导员职业能力不断发展和提升的过程实际上就是育人的质量和功效不断提高的过程,因而重视辅导员职业能力及其价值就是重视高校人才培养的质量和规格,也是在彰显具有中国特色的高校思想政治教育模式。

2.辅导员职业能力具有促进辅导员个体自由全面发展的内在价值。辅导员对人才培养的无私奉献,对职业能力提高的不懈追求,反映着辅导员的理想信念、职业操守和道德品行修为的崇高境界。辅导员的职业生涯,辅导员个体职业能力的发展与完善也是个体生命的实践。辅导员在对自身能力成长与发展的反思中寻觅人生的真谛,在和谐共进的职业团体中获得心情的愉悦,在师生的愉快合作及有意义的对话沟通交流中享受着职业的欢乐和兴趣。对辅导员职业发展而言,其最理想的价值创造和追求目标是"努力成为学生成长成才的人生导师和健康生活的知心朋友"①。辅导员正是在职业能力的个性化追求中获得自身的发展。按照马克思关于人的全面发展学说,只有人的个性获得充分自由发展,才能更好地实现自我价值和全面发展。

(二)辅导员职业能力的主要功能

1.辅导员职业能力的根本功能是育人,育人的根本在于立德。辅导员职业能力的价值功能就是通过思想政治教育和管理实现全面育人的功能。教育的首要问题是培养什么人的问题,教育的根本任务是立德树人。辅导员的主要职责和核心工作任务是对学生进行日常思想政治教育,提高学生的思想水平、政治觉悟、道德品质、文化素养。马克思主义的指导地位、培养社会主义建设者和接班人的使命,要求高校辅导员旗帜鲜明地对学生进行系统的马克思列宁主义、毛泽东思想、邓小平理论、"三个代表"重要思想、科学发展观和习近平新时代中国特色社会主义思想教育以及爱国主义教育、集体主义教育、社会主义教育、共产主义道德品质教育,"引导学生正确认识世界和中国发展大势、正确认识中国特色和国际比较、正确认识时代责任和

---

① 中华人民共和国教育部.普通高等学校辅导员队伍建设规定[Z].2017 – 09 – 29.

历史使命、正确认识远大抱负和脚踏实地",激发学生自觉地为建设中国特色社会主义和实现中华民族伟大复兴而努力奋斗。辅导员职业能力的稳定发挥体现为国家主流意识的精神表征,它以社会核心价值观的生产和再生产为主旨,在培育理想信念、养成道德人格以及确立社会规范的价值实践中,发挥着引领方向、提振精神与凝聚人心的思想功能。①

2. 辅导员职业能力具有促进辅导员个体不断发展的功能。 辅导员在引领学生不断发展中也发展着自身,在育人中育己。辅导员职业能力的培育及职业能力的完善,实际上也在完善辅导员个体的职业修养,增强辅导员的职业情感认同和职业信心,培育辅导员个体的思维力、创造力、感染力、研究力、执行力、领导力、自我发展力和自我控制力。辅导员要通过教育引导、价值引领、思想指导、实践养成、环境熏陶、人格影响等方式教育学生,培育和弘扬核心价值观;必须带头学习和弘扬社会主义核心价值观,深刻理解价值观的真正内涵和职业能力的要求,用自己的模范行为和高尚人格感召学生,进而实现辅导员岗位职责的社会意义和自身能力建设。

三、辅导员职业能力的主要特征

高校辅导员是学生思想政治教育活动的组织者和实施者,是学生全面发展的指导者,其职业能力必然带有不同寻常的重要特征。一些研究者对辅导员职业能力的特征给予了较大的关注,提出了各自的研究见解。有研究者认为,辅导员职业能力具有应用性、整合性、专长性、发展性四大特征②,也有研究者把"政治强、业务精、纪律严、作风正"确定为高校辅导员的职业能力特征。本书认为,辅导员职业能力具有鲜明的个性化特点,突出体现为政治性、教育性、实践性和综合性。

(一)政治性是辅导员职业能力的本质属性

思想政治工作是党的生命线。"政治性"是高校辅导员与生俱来的属性,是辅导员职业能力的本质属性,体现着我国社会意识形态的本质要求,

---

① 曲波.意识形态建设视域中当代思想政治教育的观念创新[J].思想理论教育,2016(2):41-45.
② 董秀娜,宋月升.高校辅导员职业能力建设研究综述[J].成功(教育),2013(5):2-4.

反映着社会主义高校办学方向和高素质人才培养规格标准。这种政治性既源于思想政治教育的阶级性、源于党和国家对思想政治工作的期待,也源于思想政治教育的目标与内容。辅导员的核心职责是思想政治教育,因而思想政治教育能力是辅导员的核心能力或关键能力,辅导员能力的本质属性毋庸置疑是政治性。

辅导员职业工作目标实质是国家战略对该职业具体要求的体现,是国家意志对辅导员职业目标作用的结果。"在这种职业目标的引领下,辅导员在工作中传播中国特色社会主义的政治思想、道德伦理等社会观念,这是上层建筑对具有特定联系的物质关系的影响,是统治阶级思想和意志的体现,具有鲜明的政治色彩。"①辅导员的主要工作任务和工作内容,无论是以爱国主义、集体主义、社会主义教育为重点的政治教育,还是以世界观、人生观、价值观教育为核心的思想教育,抑或是以增加道德认知、践行道德义务、施加道德影响为内容的道德教育,无不带有鲜明的政治性和阶级性。辅导员职业能力的形成和发展一刻也离不开思想政治教育的原则要求。

辅导员职业的政治性也决定了辅导员能力的政治属性。教育部令第43号中对辅导员工作的要求和主要工作职责都具有鲜明的政治性。辅导员工作职责与使命的政治性存在,决定了辅导员职业行为的政治性和专业素质结构的政治性。辅导员必须牢记使命的政治担当,提高政治站位。辅导员职业能力的政治性,首先表现在坚持马克思主义和共产主义的理想信念,坚持党的宗旨,严明党的纪律,用党章规范自己的一言一行,在任何情况下都要做到政治信仰不变、政治立场不移、政治方向不偏,就是要坚持党的领导,坚持党的基本理论、基本路线、基本纲领、基本经验、基本要求,必须增强政治意识、大局意识、核心意识、看齐意识,自觉同以习近平同志为核心的党中央在思想上、政治上、行动上保持高度一致,自觉维护中央权威。其次,在思想政治教育的实践中,必须时刻把握政治性,才能使思想政治教育及其管理工作不偏离党的思想政治教育的根本目标。正因如此,辅导员职业能力与学生事务工作者的职业能力在本质属性上划清了界限。辅导员可以是学生

---

① 杨亚庚.我国高校辅导员职业发展研究[D].长春:东北师范大学博士学位论文,2014.

成长发展的辅导者,也可以在一定范围内和一定的时间节点内充当学生事务管理者,但必须始终以思想政治教育为本职,以思想政治教育为职业性存在,以思想价值的积极引导和正确的政治方向教育为核心的职能,帮助和促进学生健康发展、全面发展。

(二)教育性是辅导员职业能力的基本属性

高校思想政治教育的根本目的是提高学生的政治思想素养和道德素养,促进学生的自由全面发展。思想政治教育的根本任务是培养"四有"新人,培养社会主义现代化事业的合格建设者和可靠接班人,体现着育人的本质。辅导员职业能力的"教育性",是辅导员职业能力的基本属性,是辅导员职业化特色化存在的意义所在,它彰显和维系着辅导员的职业功能。

辅导员职业能力的教育性首先基于辅导员工作要求和主要工作职责。依据 2017 年教育部令第 43 号,辅导员必须恪守爱国守法、敬业爱生、育人为本、终身学习、为人师表的职业守则,必须不断提高学生思想水平、政治觉悟、道德品质、文化素养,必须教育引导学生做到四个"正确认识",即:正确认识世界和中国发展大势、正确认识中国特色和国际比较、正确认识时代责任和历史使命、正确认识远大抱负和脚踏实地,成为又红又专、德才兼备、全面发展的中国特色社会主义合格建设者和可靠接班人。辅导员承担着思想理论教育和价值引领、党团和班级建设、学风建设、学生日常事务管理等工作职责,必须引导学生做社会主义核心价值观的坚定信仰者、积极传播者和模范践行者,引导学生深入学习习近平总书记系列重要讲话精神和治国理政新理念、新思想、新战略,帮助学生不断坚定中国特色社会主义道路自信、理论自信、制度自信、文化自信,牢固树立正确的世界观、人生观、价值观。

辅导员是教师队伍的重要组成部分,岗位内涵就是"教育"。无论是思想政治教育为学生发展服务,还是实施教育管理,实质就是教书育人,就是在培育健康人格,促进学生的全面发展。辅导员职业能力的大小、强弱,实际上必然与促进学生发展的功效成正比。在一定意义上,辅导员的职业能力就是教育智慧的代名词。辅导员言传身教、苦口婆心,千方百计地推动和引领学生全面发展,显现的就是辅导员的爱心、耐心和对党的教育事业的无限忠诚。辅导员能够真正成为学生全面发展的引领者和人生导师,凭借的就是高超的思想政治教育素养和教育能力。

辅导员作为教育者,就是热爱学生、理解学生、教育学生、帮助学生、善于研究学生发展的人,一切艰苦的努力和辛勤劳作都是为了学生的发展。辅导员面对的是"人的思想观念、政治观点、道德品质的形成、变化和发展",面对不断变化的教育情境,没有一成不变的教育方法,也不存在一劳永逸式的价值领悟,必须敢于并勇于克服各种教育困难和教育障碍,不断地学习、探索、创新,不断地实现自我更新与自我完善,自觉地在育人中育己,才能紧扣育人工作的时代脉搏,跟上教育发展的步伐。

(三)实践品性是辅导员职业能力的职业属性

辅导员的职业工作,实质就是教育人的社会实践活动,实践品性就是辅导员职业能力的职业属性。

首先,辅导员职业能力的实践品性体现为基层性。辅导员工作在思想政治教育的第一线,与学生联系最紧密。要将学校各职能部门和学院的各项工作落到实处,及时把学生在学习、生活等各方面的诉求反映给相关部门并落实解决,"就必须准确充分地把握学生的思想动态、思维方式和行为习惯,这就要求辅导员经常深入学生,到学生的现实生活、学习当中去了解他们"。

其次,辅导员职业能力的实践品性体现为操作性。辅导员就是这样一种实践工作者,丰富、具体、真实的教育情境,既是辅导员展示教育技能技巧的工作舞台,也是提升辅导员职业能力和生成实践智慧的主要根源。辅导员在与学生交往交流的实践中,逐渐积累了丰富的、鲜活的教育经验,增长了实践知识与实践能力,积淀了实践领悟,其职业功能和职业创造价值也必将在实践过程中得以体现。

再次,辅导员能力的实践品性还表现为具有足够的感召学生、影响学生的人格力量。思想政治教育是由人创造并参与的特殊社会实践活动,人际交流产生的亲和力、党团学组织活动产生的凝聚力和向心力、教师的人格魅力影响等,都蕴含着浓厚的实践色彩。就辅导员的人格魅力影响而言,其一言一行、一举一动都会潜移默化地影响学生。辅导员的气质、胸怀、学识、教养、追求等都是育人实践不可或缺的因素。

(四)综合性是辅导员职业能力的岗位属性

思想政治教育是一门以马克思主义理论为基础,综合性和实践性都比较强的学科。思想政治教育的学科属性和辅导员岗位职责决定了辅导员职业能力具有很强的综合性。

辅导员能力的综合性，一是由辅导员工作任务的艰巨性和复杂性决定的。辅导员所从事的学生思想政治教育内涵极为丰富，涉及面极广，工作边界广袤，涉及政治方向教育、思想价值引领、道德行为指导、精神文化生活等方方面面，学生成长与发展的诸多需求与辅导员的职业行为息息相关，单一的素养和能力很难适应工作的需要。二是在工作运行层面，需要辅导员的思想政治教育能力、组织管理协调能力、语言表达能力、科研与创新能力等能力的综合运用。作为一种社会实践活动的学生思想政治教育，涉及学校生活的各个领域，涉及学校各相关部门的协调配合，辅导员要掌握工作的主动权，高效率地完成本职工作，必须注重职业素养的综合性积累，必须具备宽口径的知识储备，不断强化职业能力的综合性。三是从解决问题的角度看，思想政治教育工作的对象是人，必须从多角度、多侧面对人的思想和行为，对各种思想政治现象和问题进行"立体"的综合分析。

第二章　高校辅导员职业能力研究的理论基础

研究高校辅导员职业能力构造及其发展,阐述对辅导员能力建设方向的理解与主张,是提高高校思想政治教育工作队伍建设质量和高素质人才培养培育成效的需要,因而,必须以马克思主义为指导,必须依托相关的哲学、社会学、教育学、心理学、管理学等学科知识理论。本章重点阐述辅导员职业能力研究的理论依据,主要阐明马克思主义关于人的全面发展学说、高校思想政治教育理论的主要内涵及对本研究的指导意义,并吸纳、借鉴国外相关理论包括职业发展理论与激励理论中的某些积极观点,以拓宽研究视野。

一、马克思主义人的全面发展理论

马克思主义人的全面发展理论是马克思主义思想体系的重要组成部分。按学界研究,1846 年《德意志意识形态》发表,标志着马克思主义人的全面发展理论初步形成,而《政治经济学批判大纲》和《资本论》的问世,则标志着马克思主义人的全面发展理论的成熟。马克思主义创始人在时代的感召下,充分分析人的发展状态与需要,在不同历史阶段,在汲取前人卓越思想创建唯物史观和剩余价值理论的基础上,精辟论述了人的本质、人的需要、人的全面发展等一系列问题,建立了人的全面发展理论,阐述了人的全面发展对于突破自身发展局限、推动未来理想社会建设的现实意义,把关于人的全面发展的考察从空想变成了科学。准确理解和把握马克思主义人的全面发展理论,有助于我们深入研究高校辅导员职业发展的需求,从理论与实践的结合上探讨辅导员职业能力建设的路径与对策。

(一)马克思主义人的全面发展理论的主要内涵

1. **人的全面发展的本质意义**。马克思认为,人的全面发展是人的最根本、最深刻的东西的全面发展。他在《1844 年经济学—哲学手稿》中说:"人以一种全面的方式,就是说,作为一个总体的人,占有自己的全面的本质。"①马克思主义唯物史观的研究起点是人的存在,是"有生命的个人"的存在。没有人的现实性存在,就没有社会历史的发展。马克思深刻揭示了人的现实性存在、主体性存在、实践性存在、社会性存在、发展性存在及其相互关联。马克思在《德意志意识形态》中讨论人类社会进步发展的前提时,强调三个关键要素:现实的人、他们的实践活动和物质生活条件。现实的个人离不开其实践活动和他们的物质生活条件。"任何人类历史的第一个前提无疑是有生命的个人的存在。""这是一些现实的个人,是他们的活动和他们的物质生活条件,包括他们已有的和由他们自己的活动所创造出来的物质生活条件。"②马克思在论及人与社会、人与国家的关系时强调:人不仅是现实的人,也是发展过程中的人,个人发展的最高阶段是"有个性的个人",人的自由全面发展必须是这一阶段人的"个性"表现。人的主体性存在,既表现为人在改造客观世界进程中的主动性、自主性、选择性与创造性,也表现为在承担社会责任和改造主观世界方面的道德性、理智性和自觉性等。马克思深刻阐明了人的本质问题,他在《关于费尔巴哈的提纲》中说:"人的本质不是单个人所固有的抽象物,在其现实性上,它是一切社会关系的总和。"③马克思认为人的全面发展的本质在于人的社会属性和社会关系、社会性需要和精神需要、社会素质和能力素质的全面发展。依照马克思主义的观念,人的全面发展应是人的自然性发展与社会性发展相统一、个人的发展与人类的发展相统一、人的能力的潜在性与能力的现实性相统一。

马克思认为,人的全面发展是每个人占有自己全面本质的发展,是每个人都能得到平等、自由、诚信、正直与和谐的发展,从而达到获得丰富的个性,也即"自由个性"的境界。而个人全面发展的必要条件就是能力的发展。马克思说:"要使这种个性成为可能,能力的发展就要达到一定的程度和全

① 中共中央马克思恩格斯列宁斯大林著作编译局. 马克思恩格斯全集:第 3 卷[M]. 2 版. 北京:人民出版社,2002:303.

② 中共中央马克思恩格斯列宁斯大林著作编译局. 马克思恩格斯选集:第 1 卷[M]. 3 版. 北京:人民出版社,2012:146.

③ 中共中央马克思恩格斯列宁斯大林著作编译局. 马克思恩格斯选集:第 1 卷[M]. 3 版. 北京:人民出版社,2012:139.

面性。"①在这里,马克思告诉我们要认识能力在人的全面发展中的地位以及人的全面发展的能力。马克思把人的全面发展和未来理想社会的基本原则紧密联系起来,认为人的自由全面发展就是促进全人类解放的过程。未来社会主义社会和共产主义社会将是一个"自由人的联盟",社会发展的最终目标则是人类的自由全面发展。

2. 人的需要的全面发展。 马克思认为,人的需要即人的本性,"你自己的本质即你的需要"②。马克思以个人需求的全面发展为线索,提出了"多方面需求""人的需要的丰富性"等观点,阐述了需要的实质、特征、不同时代的不同需要以及人的正当需要与社会发展之间的关系。按照马克思主义的观点,人的需要的全面发展是一个历史过程,只有在社会主义和共产主义社会中,人们的物质与精神各方面的需要才能实现极大的满足和全面发展。依据马克思主义观点,人的丰富性及多样性需要构成了人的全面发展的动力,推动着人的多方面能力的提升。

3. 人的劳动的全面发展。 劳动创造人本身,人的全面发展必须在劳动中得以实现。马克思指出,在生产的行为中,"生产者也改变着,他炼出新的品质,通过生产而发展和改造着自身,造就新的力量和新的观念,造就新的交往方式,新的需要和新的语言"③。劳动就是改造人、改造自然、改造社会的实践活动。马克思所指的人的劳动的全面发展,就是指人的劳动力即体力和智力的全面、和谐、充分的发展。马克思说:"我们把劳动力或劳动能力,理解为一个人的身体即活的人体中存在的、每当他生产某种使用价值时就运用的体力和智力的总和。"④按照马克思的观点,劳动是在一定的社会关系中进行的,是一种"自由的自觉的活动",因此劳动能力的发展必然与道德精神和审美情趣等多方面发展相伴随、相契合。

----

① 中共中央马克思恩格斯列宁斯大林著作编译局. 马克思恩格斯全集:第46卷上册[M]. 北京:人民出版社,1979:108.

② 中共中央马克思恩格斯列宁斯大林著作编译局. 马克思恩格斯全集:第42卷[M]. 北京:人民出版社,1971:34.

③ 中共中央马克思恩格斯列宁斯大林著作编译局. 马克思恩格斯全集:第46卷上册[M]. 2版. 北京:人民出版社,1995:494.

④ 中共中央马克思恩格斯列宁斯大林著作编译局. 马克思恩格斯全集:第44卷[M]. 2版. 北京:人民出版社,2001:195.

4. 人的能力的全面发展。马克思指出："任何人的职责、使命、任务就是全面地发展自己的一切能力，其中也包括思维的能力。"①依照马克思的观点，人要在实践中充分发挥全部才能和力量，包括体力和智力、潜在力和现实力、自然力和社会力、个人力和集体力的发挥。人的能力的全面发展既是人的全面发展的内在要求，也是人的社会化进程的外在体现。

5. 人的社会关系的全面发展。按照马克思的观点，人的全面发展实质也是人的社会关系的全面发展。马克思认为，"个人的全面性不是想象的或设想的全面性，而是他的现实关系和观念关系的全面性"②，"社会关系实际上决定着一个人能够发展到什么程度"③。人的全面发展必然涉及人的社会关系的全面发展，人的社会关系的丰富而全面包括人与人、人与社会的和谐发展。任何人的发展离不开社会现实，社会关系决定着人的能力与个性发展的程度和范围，人的社会关系的全面发展成为影响人的全面发展的前提和保证。

6. 人的个性的全面发展。人的个性指个体所具有的独特的心理特征、思维方式和行为模式及其在发展过程中区别于他人的主体能动性。马克思认为，人的个性的自由发展是人的全面发展的综合表现和最高目标。马克思在《1857—1858 年经济学手稿》中，用"三大社会形态"概括人的发展的三个历史阶段，即以人的依赖关系为特征的"依附人格"、以物的依赖关系为基础的"独立人格"、个性全面发展的"自由人格"三个阶段。马克思设想，在社会主义和共产主义社会，"人终于成为自己的社会的主人，从而也就成为自然界的主人，成为自身的主人——自由的人"④。马克思指出，在未来的共产主义社会，"将是这样一个联合体，在那里，每个人的自由发展是一切人的自

---

① 中共中央马克思恩格斯列宁斯大林著作编译局. 马克思恩格斯全集：第 3 卷 [M]. 北京：人民出版社，1979：330.
② 中共中央马克思恩格斯列宁斯大林著作编译局. 马克思恩格斯全集：第 46 卷 [M]. 北京：人民出版社，1980：36.
③ 中共中央马克思恩格斯列宁斯大林著作编译局. 马克思恩格斯全集：第 3 卷 [M]. 北京：人民出版社，1960：295.
④ 中共中央马克思恩格斯列宁斯大林著作编译局. 马克思恩格斯选集：第 3 卷 [M]. 2 版. 北京：人民出版社，1995：759 - 760.

由发展的条件"①。没有个体的自由,人类的自由就是空话。在每个人自由发展基础上形成的联合体,才是真实的联合体。在真实的联合体中,才有可能实现个体与集体之间的良性互动,达到个体和集体的统一。

(二)马克思主义人的全面发展理论的中国化发展

马克思主义的最高价值指向是实现人的解放和全面发展。以毛泽东为首的中国共产党人,把马克思主义关于人的全面发展思想与中国的社会实践相结合,对人的全面发展理论进行了系列探索,丰富和发展了马克思主义人的全面发展理论。

以毛泽东同志为核心的党的第一代中央领导集体,立足于广大劳动人民的根本利益追求,创造性地解决了马克思列宁主义基本原理同中国实际相结合的一系列重大问题,创立了毛泽东思想,建立了新中国,确立了社会主义基本制度,成功实现了中国历史上最深刻、最伟大的社会变革,使人民有了良好的生存环境,为人的个性解放和发展提供了广阔的发展空间,为人的全面发展奠定了坚实的政治基础和良好的制度环境。在寻求一条当代中国人可行的、与中国传统文化和国情相结合的全面发展道路时,毛泽东对马克思主义人的全面发展理论的中国化做出了可贵的现实性探索,主要包括:坚持为人民服务是实现人的全面发展的根本宗旨;培养青年坚定正确的政治方向是培养社会主义全面发展新人的根本条件;开展社会主义思想教育,培养又红又专的新型劳动者是社会主义制度下人的全面发展的基本原则;坚持教育与生产劳动相结合是培养全面发展的人的根本途径;培养德、智、体全面发展是社会主义教育方针等。

以邓小平同志为核心的党的第二代中央领导集体,根据新的实际和历史经验,做出把党和国家工作中心转移到经济建设上来、实行改革开放的历史性决策,科学地回答了建设中国特色社会主义的一系列基本问题,成功开创了中国特色社会主义,形成了具有中国特色的邓小平理论。在建设中国特色社会主义的实践中,邓小平进一步诠释和深化了马克思主义人的全面发展理论,主要包括:解放思想、实事求是是推进人的全面发展的思想基础;

---

① 中共中央马克思恩格斯列宁斯大林著作编译局. 马克思恩格斯选集:第 1 卷 [M]. 2 版. 北京:人民出版社,1995:294.

改革开放是人的全面发展的重要条件;发展生产力,实现共同富裕是实现人的全面发展的物质前提;培养"四有"新人是社会主义初级阶段实现人的全面发展的具体目标等。

以江泽民同志为核心的党的第三代中央领导集体在继承马列主义、毛泽东思想、邓小平理论的基础上,结合新的社会主义实践,提出了"三个代表"重要思想,并系统阐述和丰富了马克思主义人的全面发展理论,主要包括:促进人的全面发展是建设中国特色社会主义的本质要求;全面提高人的素质是人的全面发展的现实目标;发展先进生产力是人的全面发展的根本途径;发展先进文化是人的全面发展的重要内容;实现最广大人民群众的根本利益是人的全面发展的现实要求等。

以胡锦涛同志为核心的党的第四代中央领导集体,根据社会主义改革的深化,在全面分析总结社会主义建设经验的基础上,提出了"以人为本"的科学发展观与构建社会主义和谐社会理论,丰富和发展了中国化马克思主义,标志着马克思主义人的全面发展理论在中国开始了新的实践转向。这一时期人的全面发展理论有着丰富的内涵:一是提出了"以人为本"的发展理念,并深刻阐释了"以人为本"的科学内涵;二是提出要加强"四位一体"的社会建设,为人的发展营造良好的社会环境;三是科学揭示了我国现阶段提高人的素质、改善人的主体条件、拓展人的社会关系的有效途径。"以人为本"的科学发展观明确树立了人民利益至上的理念,认为人民是社会历史发展的主体,发展的目的是解放人、促进人的全面发展,以人民的生存、享受和发展为推进和谐社会的出发点和归宿,在不断提高人民生活水平和生活质量的同时,不断满足和提高人民的精神文化生活需要,提高人民的思想道德素质和科学文化素质,实现人的价值的创造。

党的十八大以来,以习近平同志为核心的党中央着眼于当代中国由大向强发展的时代目标,以实现国家富强、民族复兴、人民幸福为主要任务,团结带领全国人民为实现中华民族伟大复兴的中国梦而奋斗。习近平总书记强调,必须坚持以人民为中心的发展思想,特别是多次深刻指出要"不断促进人的全面发展"。这是对马克思主义人的全面发展理论的继承和发展,是习近平新时代中国特色社会主义思想的重要内容,也是实现中华民族伟大复兴的根本之所在。新时代人的全面发展理论包括:满足人们对美好生活的向往是推进人的全面发展的根本动力;坚持以人民为中心的发展思想,"始终把人民放在心中最高位置","人民对美好生活的向往就是我们的奋斗目标",不断促进人的全面发展;坚持实现中国梦必须走中国道路,弘扬中国精神,凝聚中国力量;坚持创新、协调、绿色、开放、共享的新发展理念;政治、经济、文化、社会、生态文明五位一体的建设措施是实现人的全面发展的实施手段和路径;等等。习近平总书记在党的二十大报告中指出:"教育是国之大计、党之大计。培养什么人、怎样培养人、为谁培养人是教育的根本问题。育人的根本在于立德。全面贯彻党的教育方针,落实立德树人根本任务,培养德智体美劳全面发展的社会主义建设者和接班人。"此外,习近平总书记在全国高校思想政治工作会议上强调,要坚持把立德树人作为中心环节,把思想政治工作贯穿教育教学全过程,实现全员育人、全过程育人、全方位育人。习近平总书记关于教育的重要论述丰富和发展了中国化的马克思主义教育思想。

(三)马克思主义人的全面发展理论的重要指导意义

马克思主义人的全面发展理论建立在对人的本质、人的需要、人的发展以及社会历史发展规律分析的基础上,对于促进社会和个人的发展不仅具有深刻的理论意义也具有丰富的实践意义,对于推进高校辅导员职业能力研究具有不可或缺的指导意义。

1. 人的全面发展就是人的本质、人的追求、人的创造。实现全人类的解放,实现人的自由全面发展,是马克思毕生的向往和追求。中国化马克思主义的开拓者毛泽东用毕生的精力致力于中国人民的解放事业和人的全面发展的实践探索。中国特色社会主义理论以及习近平新时代中国特色社会主义思想的重要内涵之一就是以人的全面发展为目标,解放生产力,开发和释放人的潜能,为实现人的全面发展开辟前进的道路。研究高校辅导员职业能力,就是为了最大限度地提升辅导员的职业素养与能力水平,进而促进学生的健康发展与全面发展。马克思主义人的发展理论启示我们:关注辅导员的职业能力,实质就是关注人的发展、人的全面发展。只有从现实的人而不是抽象的人的角度出发,认真关注辅导员的真实需要、辅导员的现实追求,才能更有利于研究开发辅导员的职业能力及职业创造价值。

2. 推进人的全面发展,必须高扬人的主体地位。在社会主义社会,人们当家做主不仅具有观念意义,还具有现实性内容。现实的政治、经济及文化利益的落实是彰显人的主体地位的关键要素。研究辅导员的职业能力的提升,必须关注其主体地位的意义,探讨其职业能力,不能仅停留在"工具理性"意义上的阐述,而更应该观照在"伦理性"与美学意义上的境界。辅导员不仅是一个完成工作职责的人,更是一个需要发展完善的人,是一个具有能动性、主动性的人。职业生活只不过是他人生中一段重要的生命经历,是他生命历程中有意义的重要的构成部分。只有当他把职业活动当作体现自己价值与尊严,体现自身需要,敢于摆脱各种形式的限制,最大化地实现职业创造时,他的教育对象以及他自身的全面发展才可以得到彰显。

3.**要把握人的全面发展与社会发展的联系**。按照马克思的观点,人的全面发展不能脱离社会。个人的全面发展和人类整体的全面发展相辅相成,不可分割。社会主义、共产主义社会是个人自由发展的联合体,只有在这样的联合体中才能占有丰富的社会关系,成为自己的主人。依照马克思主义原理,一定的社会发展为个人能力的发展提供了必要的前提和条件。因此,辅导员职业能力的发展也必须根植于广阔的社会生活环境中,根植于生产力发展水平和生产关系发展的样态中。一个人的发展不能单独脱离集体而存在,"一个人的发展取决于和他直接或间接地进行交往的其他一切人的发展"①。辅导员个体能力的提升与辅导员群体的发展、辅导员所在单位集体氛围息息相关。一个又有集中又有民主,又有纪律又有自由,又有统一意志又有个人心情舒畅的生动活泼的局面,将会更有利于辅导员职业能力的发展。

二、中国特色的思想政治教育理论

中国特色的思想政治教育是一门以马克思主义理论为基础,综合性和实践性都比较强的科学。思想政治教育是中国共产党的优良传统和政治优势,是革命和建设事业取得胜利的根本保证,也是事关我们党和国家建设全局的一项重要工作。高校辅导员职业能力关涉到高校思想政治工作的重要

① 中共中央马克思恩格斯列宁斯大林著作编译局.马克思恩格斯全集:第3卷[M].北京:人民出版社,1976:515.

地位、高校办学及育人的主要方向、高校人才培养的质量与特色,因此高校辅导员职业能力研究,必须依据思想政治教育理论,在思想政治教育理论视域下探讨辅导员职业能力的内涵结构及发展方向,从高校思想政治工作的需要与大学生健康发展诉求的角度剖析辅导员的职业能力及其相关问题。

(一)思想政治教育的主要内涵

1.**思想政治教育的基本概念**。思想政治教育是思想教育和政治教育的统称,在基本意义上包含受政治制约的思想教育和侧重于思想理论方面的政治教育①,是党的思想政治工作的重要组成部分,反映着中国社会意识形态的本质特点。思想政治教育的主要内涵为:用马克思列宁主义、毛泽东思想及中国特色社会主义理论体系教育党员干部和广大群众,启发和提高人们的思想与政治觉悟,用社会主义核心价值观引领社会思潮,规范道德行为,培养人们认识世界和改造世界的良好思想素养和行为习惯。

2.**思想政治教育的社会功能**。思想政治教育作为人的一种实践活动,具有多重、多方位、多侧面的社会功能,主要体现为如下方面:

政治方向的引导功能。思想政治教育能够引导人们正确认识社会发展方向,把握社会舆论的正确思想导向,树立正确的思想政治理念,把人们的思想行为集中到马克思主义理论观点和党的基本路线上来,维护社会发展稳定,维护国家意志和民族团结的大局。

社会价值的引领功能。在社会经济生活中,思想政治教育能够凝聚共识,激励人们为共同的经济目标而努力进取;在市场经济条件下,起到正确的价值导向和引领作用。

先进文化的主导功能。思想政治教育能够维护主流文化的主体地位,弘扬优秀传统文化,引导民众进行正确的文化选择,使社会先进文化成为社会发展的积极因素,促进社会的和谐与稳定。

优良素养的培育功能。思想政治教育帮助人们明确政治方向,形成坚定的政治立场,规范人们的道德品行,调整人与人、人与社会、人与自然、人与自我的关系;通过规范、调整人们的思想和行为,保证品行的正确性,纠正

---

① 张耀灿,徐志远.思想政治教育及其相关重要范畴的概念辨析[J].思想理论教育,2003(7):10 – 13.

偏离道德目标和政治方向的思想和行为,使其符合思想政治教育方向,开发人的价值,调动人的积极性创造性,推进人的全面发展。

健全人格的塑造功能。思想政治教育通过理论与实践的多种方式,引导人们认识和追求崇高的道德境界,正确区分正义与邪恶、高尚与鄙俗、进步与落后、公正与偏袒、真善美与假恶丑的界限,将良好的道德品质意识内化于心,外化于行,塑造良好的道德人格。

3.思想政治教育的文化底蕴。 思想政治教育作为推动社会发展、满足人社会化需要的实践教育活动,与文化具有密不可分的内在联系。思想政治教育的内容与载体体现着丰富的文化内涵,思想政治教育本身也是社会主义文化的重要组成部分,体现着社会主义主流文化的核心价值观。

思想政治教育在巩固主流思想舆论,推进思想政治文化、优秀传统思想文化、科学艺术文化建设上具有重大的功能和意义,在促进社会主义精神文明建设、传承先进文化、提高公民的思想道德文化素质等方面发挥着不可替代的作用。

思想政治教育以优秀传统文化为根基。中华优秀传统文化精华,尤其是以爱国主义精神为核心的民族精神,既是思想政治教育的文化底蕴,也是思想政治教育的重要内容。"中华民族形成和发展过程中产生的各种思想文化,记载了中华民族在长期奋斗中开展的精神活动、进行的理性思维、创造的文化成果,反映了中华民族的精神追求,其中最核心的内容已经成为中华民族最基本的文化基因。"①丰富和完善思想政治教育理论,需要从传统文化中汲取营养。

思想政治教育以先进思想文化成果为根基,以宣传先进思想文化为己任。从文化角度说,坚持马克思主义就是坚持世界先进文化的引领。教育是传递人类文化和文明的重要手段,思想政治教育理论的发展要求主动借鉴当代世界各民族优秀文化的成果,这也是实现思想政治教育价值功能的必然诉求。

思想政治教育价值的实现必须依托思想文化传播手段的更新。思想政

---

① 习近平.习近平和北师大师生代表座谈时的讲话[EB/OL].(2014-09-10)[2022-12-01].http://news.youth.cn/jsxw/201409/t20140910_5724993_2.htm.

治教育价值的实现不能脱离思想文化传播技术发展的现实。经济社会的快速进步,互联网技术的飞速发展,给思想政治教育带来了新的挑战与冲击。思想政治教育必须面对和依托网络传播技术、新媒体技术的进步与发展,正确面对网络文化,通过网络宣传主流文化,坚守网络主阵地。

(二)高校思想政治教育的理论体系

高校思想政治教育是一个由许多要素组成的有机系统。高校思想政治教育理论也是一个融民族性、时代性、创新性于一体的不断发展完善的动态的理论体系。

1.高校思想政治教育的观念体系。坚持以马克思主义及中国特色社会主义理论为指导,在马克思主义指导下,以理想信念教育为核心,以爱国主义教育为重点,以思想道德建设为基础,以大学生全面发展为目标,努力提高思想政治教育的针对性、实效性和吸引力、感染力,培养德智体美全面发展的社会主义合格建设者和可靠接班人。[①]

坚持"以人为本"的思想政治教育观念。坚持以人为本是思想政治教育观念发展的内在要求和必然走向。以人为本,就是关注人的需要、人的思想和人的发展,就是贴近实际、贴近生活、贴近学生,就是在遵循人的思想发展和人的成长规律基础上实施思想政治教育。因此,"将人作为出发点和归宿,尊重人、理解人、关心人,满足人的合理需求、提高人的综合素质、促进人的自由全面发展,是思想政治教育创新发展的战略基点和现实抓手"[②]。

坚持"德育为先"的教育理念。把坚定理想信念放在首位,把人才培养作为根本任务,坚持用中国特色社会主义理论体系武装师生头脑,确保社会主义办学方向。

坚持理论与实践相结合的教育理念。既重视课堂教育,又注重引导大学生深入社会、了解社会、服务社会;坚持解决思想问题与解决实际问题相结合,增强思想政治教育的实际效果。

坚持多渠道实施思想政治教育理念。坚持教育与自我教育相结合、教

① 中共中央,国务院.中共中央　国务院关于进一步加强和改进大学生思想政治教育的意见[Z].2004-10-15.

② 阮一帆.创新思想政治教育[N].人民日报,2016-08-22.

育与管理相结合,充分发挥学校教师、党团组织的教育引导作用,充分调动大学生的积极性和主动性,把思想政治教育融于学校管理之中,有效地引导大学生的思想和行为。

坚持继承优良传统与改进创新相结合的理念。在继承党的思想政治工作优良传统的基础上,探索新形势下大学生思想政治教育的新途径、新办法,更好地体现时代性,把握规律性,富于创造性,增强实效性。

2. 高校思想政治教育的内容体系。内容体系包括以理想信念教育为核心的世界观、人生观和价值观教育,以爱国主义为重点的民族精神教育,以改革创新为核心的时代精神教育,以基本道德规范为基础的公民道德教育,以大学生全面发展为目标的素质教育。

3. 高校思想政治教育的方法体系。思想政治教育的方法非常丰富,既包括以语言说理形式为主的方法,如谈话、讲授、讨论、辩论、演讲等,也包括以形象感染形式为主的方法,如典型示范、情感陶冶、影视音像等,还包括以实际训练形式为主的方法,如社会实践法、调查访问法、参观考察法、常规训练法等。

4. 高校思想政治教育的价值体系。我国经济社会及思想文化的发展,要求建立与之相匹配的思想政治价值体系。高校思想政治教育具有培养人、塑造人、发展人的社会功能,在培育理想信念、养成道德人格以及确定社会规范的价值实践中,发挥着引领方向、提振精神与凝聚人心的思想功能[①],在引领先进思潮、化解社会矛盾、保持社会稳定、净化人的心灵、激励人的奋进等方面发挥着重要的作用。

(三)思想政治教育理论的指导意义

1. 思想政治教育的功能催生辅导员职业工作与职业能力价值。高校辅导员从出现之日起,就与高校思想政治工作结下了不解之缘。中国高校思想政治工作的重要意义和学生健康发展的需求决定了辅导员职业工作的政治价值。高校思想政治教育的功能要求辅导员具备较好的政治身份和思想政治素养,辅导员职业能力的提升必须凭借扎实的思想政治理论。

---

① 曲波.意识形态建设视域中当代思想政治教育的观念创新[J].思想理论教育,2016(2):41-45.

2.**思想政治教育的任务决定辅导员职业能力特征**。高校辅导员职业能力起源于辅导员职业岗位的需要。辅导员职业岗位的基本职责与任务是大学生日常思想政治教育。无论是作为思想政治教育的组织者、实施者,或是指导者,都应该谙熟思想政治教育的基本理论,都必须掌握思想政治教育工作所要求的相关知识与技能。因此,思想政治教育的任务决定了辅导员职业能力的政治性、教育性、实践性与综合性等特征。

3.**思想政治教育的效果理论指导着辅导员职业能力发展研究**。高校思想政治教育强调针对性、实效性,要求辅导员不仅具备较高的师德水平和情意素养,还必须具有高超的教育技艺。高校辅导员职业能力的发展过程,实质就是思想政治教育能力提升的过程。研究辅导员职业能力如何提升,实际也是在研究思想政治教育的针对性与实效性问题。因此,思想政治教育的效果理论不仅有助于我们研究辅导员的职业能力结构,也有助于我们把握辅导员职业能力建设的主要方向。

三、职业发展理论的借鉴

职业发展理论主要产生和发展于美国,侧重于职业生涯和职业规划研究。批判地吸纳和借鉴西方的职业发展相关理论观点,对于深入探讨辅导员职业发展远景及促进和帮助辅导员实现职业能力提升具有一定的启示意义。

(一)萨柏的职业生涯发展理论

职业生涯发展理论代表人物萨柏(Donald E. Super)是美国一位有代表性的职业管理学家。萨柏的职业生涯发展阶段理论是一种纵向职业指导理论,重在对个人的职业倾向和职业选择过程本身进行研究。他把人的职业发展划分为 5 个阶段,即成长阶段、探索阶段、建立阶段、维持阶段和衰退阶段。萨柏认为,个人的职业生涯模式与人们的经济情况、家庭地位、智力水平、人格特征和个人机遇等方面息息相关,人们对于某种职业的喜爱与兴趣会随着工作环境、生活习惯及自我意识的变化而变化,这就使得职业选择与调适成为一个动态发展的过程。职业发展的各个阶段可以通过指导和学习加以改善,不仅包括通过培养人的职业兴趣使人成熟,也包括在帮助别人获得职业选择过程中的自我发展与成长。①

(二)帕森斯的人职匹配理论

美国波士顿大学教授弗兰克·帕森斯(Frank Parsons)最早提出"人职匹配"理论。该理论是职业选择、职业指导的经典性理论。1909 年,帕森斯在《选择一个职业》一书中,阐明了职业选择的三大要素,即:清楚了解自己的态度、能力、兴趣、智谋、局限和其他特征;清楚了解职业选择成功的条件、所需知识、在不同职业岗位上所占有的优势、不利和补偿、机会和前途;上述两个条件的平衡。帕森斯的理论内涵在于:在了解个人的主观条件和社会职业岗位需求条件基础上,将主客观条件与社会职业岗位相对照、相匹配,最后选择一个与个人匹配相当的职业。其观点又被称为特质因素理论,核心要点是人格特性与职业因素的匹配,每个人都有自己独特的人格模式,每种人格模式的个人都有其相适应的职业类型。所谓"特质",就是指个人的人格特征,包括能力倾向、兴趣、价值观和人格等,这些都可以通过心理测量工具来加以评量。帕森斯这种在职业选择上知己知彼、主客观相符的思维观点已成为人们选择职业的经典性原则。

(三)霍兰德的职业兴趣理论

美国约翰·霍普金斯大学心理学教授约翰·霍兰德(John Holland)于20 世纪 60 年代提出了具有广泛社会影响的职业兴趣理论。霍兰德的职业兴趣理论主要从兴趣的角度出发来探索职业指导的问题。他明确提出了职业兴趣的人格观,使人们对职业兴趣的认识有了质的变化。霍兰德认为人的职业兴趣与人格之间存在很高的相关性,人格是兴趣、价值观、技能、信念、态度和学习风格的综合体,凡是具有职业兴趣的职业,都可以提高人们的积极性,促使人们积极地、愉快地从事该职业。霍兰德认为人格可分为现实型、研究型、艺术型、社会型、企业型和常规型六种类型,并设想出与之相对应的六种环境类型。他认为,一个人做出职业选择的主要依据就是寻找那些与他(她)人格类型相符的可以满足他(她)的职业成长环境,在愉快的过程中完成工作任务,同时实现自身的价值。

――――――――――

① 杨亚庚.我国高校辅导员职业发展研究[D].长春:东北师范大学博士学位论文,2014.

(四)职业发展理论的借鉴意义

职业发展理论兴起于西方发达国家,其关于职业发展阶段理论、职业选择以及人职匹配的相关理论观点已被广泛借鉴应用于企业员工职业发展、高校学生职业生涯规划等实践中。职业发展理论对高校辅导员职业能力研究的启示意义在于:

1. 职业人格、职业兴趣与职业能力发展密切相关。 实施辅导员职业能力建设应充分考虑到辅导员的职业兴趣以及激发职业兴趣、维护职业兴趣、克服职业懈怠的各种因素与机制。职业发展阶段的相关观点可以为职业能力建设提供启示,如可以根据不同年龄阶段职业能力发展的需要实施不同的建设策略。

2. 辅导员职业能力发展与其对职业的认知密切相关。 辅导员对其职业的认知,既有其内在的兴趣、爱好、价值观等个性特点,也有外在的职业岗位类型以及岗位意义的吸引力,还有社会责任与义务的要求等因素。研究辅导员职业能力,需要关注职业环境建设与辅导员自身建设的关联,帮助辅导员在职业选择与职业发展上认识自身优势与不足,把握自身素质能力与职业岗位需要之间的关系,实现社会发展需要与个性追求的有机统一。

3. 借鉴职业发展理论,可以深入探索辅导员的职业发展前景,分析影响辅导员职业生涯的各种因素,探寻构建高校辅导员职业能力提升的机制与对策。 个体的职业生涯需要规划,但规划辅导员的职业生涯和职业远景,可能更需要社会层面的作为。

4. 研究辅导员的职业能力发展,需要坚持以人为本的原则。 西方职业发展理论较多地关注个体在职业选择、职业成长中的地位,这对于在市场经济条件下调动辅导员的职业积极性、创造性,提高其职业素养有一定的意义,但中国职场中个体的发展与社会环境因素影响并不简单,如国家意志、集体观念、团队意识、奉献精神等在很大程度上影响并制约着个体的追求。因此,辅导员的职业发展,应体现为社会发展与个体发展、个人利益与集体利益的协调一致。

应当看到,西方职业发展理论还具有很大的不成熟性和不完善性,受时代、文化底蕴以及学科研究风格的局限,其理论观点尚存在一些明显的瑕疵,主要体现在以下三个方面。

第一,忽视人的发展与社会发展的协调统一。人的全面发展不能脱离社会,不能脱离一定的社会环境及其影响,职业发展前景的变化也并非完全因兴趣使然。西方职业发展理论的代表人物多为研究心理的学者,因而更关注性格、情趣,缺少对影响职业能力发展的社会因素的关注。

第二,忽视个体发展价值与社会发展价值的相互联系。以个人为出发点,较多地关注个体在职业选择、职业成长中的地位,忽略社会需要、社会发展对个体发展的深远影响,忽视人的发展、人的社会关系的发展的复杂性。

第三,把个人与工作简单当作静止不变的两种状态来匹配。无论是个人的兴趣爱好,还是职场工作,都必然处于不断变化的状态之中。兴趣既然是可以培养的,那就具有可变性,而哪一种职业也不会存在单一的固化的特质。将人格特质与岗位特质简单比附、配对,不仅是不现实的,也是可笑的。职场的变迁性、人才的流动性,使得知识的更新、能力的拓展变得更加重要。

有学者结合中国大学生就业的实际,深入分析了现代西方职业生涯规划理论,认为"这些理论既不符合我国当前社会主义初级阶段所特有的经济社会发展极不平衡的现实,不符合当前我国主流的社会传统与价值观,同样也不完全适应我国大学生职业生涯规划的国情"[①],因此,需要重建符合我国大学生求职与职业发展和职业规划的实际情况的指导理论。

四、国外激励理论的借鉴

激励是管理上的一个非常重要的功能,就是激发员工的工作动机,以促使个体有效地完成工作目标。自20世纪30年代以来,国外一些管理学家、心理学家和社会学家从不同的角度研究了应怎样激励人的问题,并提出了许多激励理论。其中,影响较大的有内容型激励理论和过程型激励理论。内容型激励理论重点研究激发动机的诱因,主要包括马斯洛的需求层次理论、奥尔德弗的"生存、关系、成长"理论(ERG理论)、赫茨伯格的双因素理论和麦克利兰的成就需要理论等。过程型激励理论是在内容型激励理论的基础上发展起来的,它着重研究从动机的形成和行为目标的选择再到采取

---

① 郝登峰.高校就业指导与职业规划教育的时间历程和理论探索[M]//王仕民.德育研究:第一辑.广州:中山大学出版社,2013:209.

具体行动的心理过程。过程型激励理论基本上采取动态的、系统的分析方法来研究激励问题。

(一)马斯洛的需求层次理论

马斯洛需求层次理论（Maslow's Hierarchy of Needs）是由美国心理学家马斯洛在1943年提出的，目前已成为世界各国普遍熟悉的理论。马斯洛认为，人的需求是有层次的，按照它们的重要程度和发生顺序，呈梯形状态由低级向高级需求发展。人的需求主要包括生理需求、安全需求、社会需求、自尊需求和自我实现的需求。需求总是由低到高，逐步上升的，每当低一级的需求获得满足以后，接着就要满足高一级的需求。由于个人动机结构的发展情况不同，这五种需求在个体内所形成的优势动机也不相同。当需求发展到高层次后，低层次的需求仍将继续存在，有时甚至还很强烈。因此，马斯洛认为，要了解员工的态度和情绪，就必须了解他们的基本需求。

美国著名心理学家、耶鲁大学组织行为学教授奥尔德弗（Clayton Alderfer）在大量调查研究基础上，提出一个旨在克服马斯洛需求层次理论不足的"生存、关系、成长"理论。在这个理论中，奥尔德弗把人的需求分为三种类型，即：生存需求、关系需求、成长需求。奥尔德弗认为：人的第一需求是生存需求，包括生理需求和安全需求，它只能通过金钱和物质才能满足；第二需求是关系需求，即要求与人们交往及维持人与人之间和谐关系；第三需求是成长需求，包括马斯洛所指的部分尊重需求和自我实现的需求。

(二)麦克利兰的成就需要理论

20世纪50年代，美国著名心理学家、哈佛大学教授戴维·麦克利兰对人的成就动机进行了大量的研究，发现传统的学术能力和知识技能测评并不能预示工作绩效的高低和个人生涯的成功，而从根本上影响个人绩效的是诸如"成就动机""人际理解""团队影响力"等一些可称为资质的东西。麦克利兰在此基础上提出在世界范围内具有广泛影响的成就需要理论（Theory of Needs for Achievement）。麦克利兰认为，人的基本需要有三种：成就的需要、权力的需要和归属的需要。成就的需要是人们想通过自己的努力完成具有相当的挑战性目标的一种习得性需要，是一种追求卓越、达到标准、争取成功的内驱力。

(三)弗鲁姆的期望理论

期望理论又称作"效价—手段—期望"理论,是管理心理学与行为科学的一种理论,是由美国著名心理学家和行为科学家维克托·弗鲁姆(Victor H. Vroom)于1964年在《工作与激励》一书中首先提出的。弗鲁姆认为,人总是渴求满足一定的需要和达到一定的目标,这个目标反过来对于激发一个人的动机具有一定的影响,而这个激发力量的大小,取决于目标价值和期望概率(期望值)的乘积。也就是说,一个人对目标的把握越大,估计达到目标的概率越高,激发起的动力越强烈,积极性也就越大。在领导与管理工作中,运用期望理论来调动员工的积极性具有一定的意义。不可否认,期望理论关注人们行为的可能性和必要性对工作积极性、主动性影响,却忽视了人们的道德意识、责权意识、规则意识、义务意识、优越意识等对工作积极性、主动性激发的关键作用。因此,应用期望理论对期望效益判断,既要考虑个体发展利益,也要考虑集体或国家的利益;对期望值的估计也必须关注期望与现实之间的可能性,使期望的目标既符合社会发展规律,又不脱离当前的实际。研究高校辅导员能力发展,必须研究激励的期望目标指向,只有构建切实可行的激励措施,才能形成有效的辅导员能力发展的保证体系。

(四)亚当斯的公平理论

公平理论是一种研究人的动机和知觉关系的理论,它是由美国心理学家亚当斯提出的。该理论认为,知觉对于动机的影响在于一个人不仅关心个人的收入和支出,而且关心自己的收入、支出与别人的收入、支出的关系。也就是说,人们不仅关心个人努力所得到的绝对报酬量,而且关心自己的报酬量与别人的报酬量之间的关系,即相对报酬量。用公平理论来分析高校辅导员职业能力提升的问题,不可避免地涉及如何看待辅导员职业能力提升的激励机制问题,也涉及现行措施对辅导员职业能力发展所产生的心理影响。当然,研究或制定激励措施要坚持公平的原则,而对于个体而言,则不光要有公平意识,还要有责任意识、廉洁奉公意识以及顾大局、识大体的职业胸怀。

(五)国外激励理论的借鉴意义

早期的激励理论主要研究如何通过激发人的"需求"来调动其工作积极性。内容型激励理论,包括马斯洛需求层次论、赫茨伯格的双因素论以及麦克利兰的成就需要理论,都是以了解与分析人的需求为前提,制定激励措施激励人的工作动机、提高人的工作绩效,使人的聪明才智得以发挥。过程型激励理论,包括期望理论、公平理论等,意在用动态的角度分析激励问题,抓住对行动起决定作用的某些关键要素,如期望目标、报酬目标、心理平衡点等问题来预测和控制人的行为。在高校辅导员职业能力的研究上,批判地吸纳激励理论的某些积极观点,对于探讨激发或唤醒辅导员职业能力提升的内驱力,调动辅导员的积极性、创造性,深入研究辅导员能力建设的激励性机制措施,具有一定的借鉴意义。

激励理论启示我们,研究辅导员的职业能力,应正确运用欲望、需求的特征,把外在的激励,如福利待遇、环境改善等,与内在的激励,如责任感、胜任感、成就感等有机统一起来,使组织目标与个体能力发展目标同时实现;要充分认识和把握辅导员对绩效目标、报酬目标、价值目标的期望,分析影响辅导员职业能力发展的因素,探索激励辅导员能力提升措施的公平性、公正性和可操作性,把辅导员期望的方向引导到正确发展的轨道上来,最大化地发挥激励的效能,推进辅导员职业能力的快速、健康发展。

需要指出的是,国外激励理论虽具有借鉴应用价值,但其理论本身还存在许多的不足。一是这些以需求为基点的激励理论虽然很好地关注并解释了人们的努力行为,但忽视了如何使人们保持持久的努力和自我发展。"这些理论尽管能比较直观地揭示人们努力行为的本质,但却没有揭示导致人们持久努力行为的本质。"[1]二是这些理论只关注组织成员的努力程度,却忽视了对组织成员潜在能力的塑造及个人能力的展示和充分发挥,从而限制了激励的最大功效。三是有些理论观点过于抽象化和概念化,在实践应用中如何具体操作,尚有待深入研究。

---

① 勾昱,贾丽娜.激励在提高工作人员素质中的作用[J].合作经济与科技,2008(7):32-34.

第三章　高校辅导员职业能力的结构体系

能力结构是高校辅导员能力研究中一个不能忽视的重要问题,关系到高校思想政治教育的成效,早已引起国家与社会的高度重视,也引起了学界的积极关注。尤其是近年来成为热点的关于辅导员专业化职业化的研究,都已从许多方面涉及或论及辅导员的专业素养或能力结构。只有深入认识高校辅导员应具备的能力结构及其诸要素逻辑联系,才能更好地分析探讨辅导员职业能力培养与建设的实践路径。本章从认识高校辅导员职业能力结构的基本前提入手,分析辅导员职业能力的支撑要素,进而探讨辅导员职业能力的结构体系。

一、构建辅导员职业能力体系的认知依据

研究辅导员职业能力及其结构,需要依据国家相关文件对辅导员工作职责与职业能力的要求,也需要根据思想政治教育工作内涵的时代变化借鉴国内外教师能力结构研究的学术成就,结合提升高校辅导员职业能力的实践经验。这些因素也构成了本书探究辅导员职业能力框架体系的思维根源。

(一)国家对辅导员职业能力的相关要求

研究辅导员职业能力结构是研究职业能力不能忽视的重要问题,需要依据相关文件的精神指向。2014 年,教育部印发了《高等学校辅导员职业能力标准(暂行)》①(以下简称《职业能力标准》),从职业功能、工作内容、能力要求、相关理论和知识要求等方面构建了高校辅导员队伍能力标准体系。《职业能力标准》依据辅导员工作的现实状况,勾勒了辅导员队伍整体的专业素养要求、知识与能力的具体内涵,展现了辅导员工作的基本范围和可能

---

① 中华人民共和国教育部. 教育部关于印发《高等学校辅导员职业能力标准(暂行)》的通知[Z]. 2014 – 03 – 25.

达到的边界,是国家对合格高校辅导员专业素质的基本要求,是引领高校辅导员专业化职业化发展的基本准则。《职业能力标准》中所提出的思想政治教育、党团和班级建设、学业指导、日常事务管理、心理健康教育与咨询、网络思想政治教育、危机事件应对、职业规划与就业指导、理论和实践研究等 9 个方面的功能成为学界研究辅导员职业能力的基本依据。自 2014 年《职业能力标准》实施以来,辅导员职业的社会认同不断增强,辅导员主动提升职业能力和专业素养也有了路径和方向。

2017 年,教育部令第 43 号《普通高等学校辅导员队伍建设规定》,对辅导员的职业道德、专业素养和职业能力重新进行了界定,对辅导员应具备的职业素质和职业能力进行了更为具体的概括。该文件在第三章第七条明确提出了辅导员的"五项基本条件"。许多研究者注意到基本条件的第四项,即:具备较强的组织管理能力和语言、文字表达能力,及教育引导能力、调查研究能力,具备开展教育和价值引领工作的能力。有的研究者把这些当作辅导员职业能力的主要内容①,但他们并未注意到的是:第一,这些具体的能力要求属于基本的专业能力要求;第二,"五项基本条件"是写在第三章名称"配备与选聘"的条目之下的,是"辅导员应当符合以下基本条件",也就是说,这是选聘的基本条件,不等于辅导员职业能力的考核标准;第三,"五项基本条件"中包括了政治素质、职业精神、知识范围、专业能力和个性品质的要求,其中"政治敏感性和政治辨别力"等内容明显是对政治素养和思想政治教育能力的特殊要求,仅仅把组织管理能力、表达能力、教育引导能力和调查研究能力这四项能力当作辅导员职业能力的主要要求,可以认为是文件精神理解上的偏差。

2017 年教育部令第 43 号对辅导员提出了明确的工作要求,规定了主要工作职责。就其具体工作内涵来说,涉及 9 项职业能力,主要包括:思想理论教育和价值引领能力、党团和班级建设能力、学风建设能力、学生日常事务管理能力、心理健康教育与咨询工作能力、网络思想政治教育能力、校园危机事件应对能力、职业规划与就业创业指导能力、理论和实践研究能力等。

比较上述两个文件,我们不难发现,在能力的内涵要求上有新的变化,

---

① 中华人民共和国教育部. 普通高等学校辅导员队伍建设规定[Z]. 2017 - 09 - 29.

表现出辅导员日常思想政治教育工作内涵与职业能力要求范围的微妙变化。2017 年教育部令第 43 号为深入研究探讨辅导员职业能力结构提供了新的政策和理论依据。

（二）教师职业能力结构研究的学术启迪

高校辅导员是教师队伍的重要组成部分，辅导员所从事的学生思想政治教育工作也是在履行教师工作的职责。辅导员是教师队伍中的一个特殊群体，一个以学生思想政治教育为己任的特殊群体，其专业素养与能力结构必然与一般的专任教师具有许多共同点。

2004 年，国际培训、绩效、教学标准委员会（IBSTPI）修订的《教师能力标准》，是一个较为权威的、最新的国际教师能力标准。该《标准》包括专业基础、计划与准备、教学方法与策略、评估与评价、教学管理等 5 个方面的 18 项能力指标，适用于各种教学情境，包括面对面教学（课堂教学）、在线教学和混合教学情境中的教师。① 其中，专业基础主要包括了 4 个方面的能力：有效交流沟通的能力、更新和提高自身专业知识的能力、遵守已有的道德规范和法律的能力、树立和维护声誉的能力。计划与准备，主要体现了教师的教学设计能力（包括方法和内容）以及教学准备等方面的能力。教学方法与策略，包括激发学习者学习动机和投入方面的能力、有效表达和促进的能力、合理控制学习过程的能力、有效提问和提供阐释的能力、巩固知识和技能的能力、熟练地使用媒体和技术的能力等。该指标将职业道德、职业情感等因素融入专业能力标准之中，将与工作职责相关的知识、技能和情感态度与职业行为模式融为一体，形成较为丰富的专业素养体系。

德国的《教师教育标准》融入了教师应该具备的 11 种较大的能力，强调影响教师的隐性和显性两方面内容。隐性内容包括专业知识、专业技能、专业信念、专业情感；显性内容包括构建能力、教学能力、研究能力、组织能力、管理能力、监督评价能力等。②

国内学界对教师的能力与专业素养结构进行了多方面的探讨。华东师

---

① 徐文哲，王冲. IBSTPI 教师能力视域下我国高校辅导员专业标准研究［J］. 合肥工业大学学报（社会科学版），2011（6）：76－79.

② 于喆. 可持续发展教育背景下德国高校教师专业行动能力的培养［J］. 教育研究，2018（1）：148－154.

大叶澜教授等人认为,未来教师专业素养的基本构成包括:与时代相通的教育理念、多层复合的知识结构、符合社会要求和期望的新的能力。她认为,这种新的能力就是指理解他人和与他人交往的能力、管理能力、教育研究能力。而在实践中凝聚产生的教育智慧则是未来教师专业素养达到成熟水平的标志。"对人类的热爱和博大的胸怀,对学生成长的关怀和敬业奉献的崇高精神,良好的文化素养,复合的知识结构,在富有时代精神和科学性的教育理念指导下的教育能力和研究能力,在实践中凝聚生成的教育智慧,这就是我们期望的未来教师的理想风采。"①

从上述研究可见,教师的专业标准是一个综合性的专业标准,教师的能力是一个包括知识、技能、情意素养和职业信念在内的综合体。借鉴教师能力研究的成就,结合高校辅导员的特殊职业要求,可以认为高校辅导员的职业能力素养应该具备这样一种构造:以职业态度、职业道德、职业情感和职业信念为核心的职业精神系统;以马克思主义理论为统领,以思想政治教育学为中心,包容哲学、教育学、心理学、社会学、政治学、管理学等学科知识的广博的科学知识系统;以政治方向和价值思想引导能力为核心,包容组织教育活动、学团组织指导、人际关系沟通、语言表达、信息技术应用、网络思想教育、心理健康教育等能力在内的能力系统。

(三)辅导员职业能力大赛中的实践指向

职业能力是一个比较成熟的概念,但辅导员职业能力的内涵还是一个需要不断探索并谋求共识的课题。杨建义认为,导致辅导员职业能力内涵不确定性的主要因素在于:"一是对辅导员职业能力研究的学科视角多样,尚未达成共识;二是对辅导员职业能力的要素分析呈静态化、扁平化,尚未建构要素之间的有机联系;三是研究成果的实践转化不足,难以形成有效的行动计划。"②现实地说,高校思想政治教育内涵的丰富性与实践操作层面的复杂性、学校相关职能部门在学生思想政治教育工作上的详细分工和职责的明晰程度以及辅导员工作性质的准确定位应是制约和影响辅导员职业能

---

① 叶澜,白益民,王枬,等.教师角色与教师发展新探[M].北京:教育科学出版社,2001.

② 杨建义.高校辅导员专业成长研究:基于思想政治教育学科的视野[M].北京:社会科学文献出版社,2016:32.

力结构的关键因素。国家实施的辅导员专业化培训,无论从培训内容还是从对参加者的要求上看,都显示了一种明显的思想政治教育的专业倾向,都是在努力提升辅导员职业能力和完善职业能力结构。

从实践角度看,受到广泛关注的全国高校辅导员职业能力大赛(2018年改称"素质能力大赛"),无疑是提高辅导员职业能力的重要举措。辅导员职业能力大赛的实践明晰地展示了辅导员专业发展方向和实践能力的相关内涵,为学界研究辅导员职业能力及其结构提供了很多新的启示。全国高校辅导员职业能力大赛的基本内容包括:基础知识测试、网文写作、主题班会(2018年无此项)、案例分析、主题演讲、谈心谈话等六项内容,旨在考查辅导员的知识积累、专业素养和职业能力。大赛展示了辅导员的专业素养和职业能力,体现和训练了参与者的思想价值引导能力、人际交流与沟通能力、书面语言和口头语言的表达能力等,反映了辅导员日常工作项目条理化、专业知识技能模块化、职业情意素养主体化的职业能力素养提高的基本趋向。大赛通过以赛带训、以问题为导向、以科研为抓手、以学习为基础、以表演为平台,提高辅导员专业水准和工作成效,促进辅导员职业能力培养的良性循环。当然,大赛主要是一种特定情境下的表演活动,有些项目,如谈心谈话、主题班会等,并非真实情境中的思想碰撞,其情境创设和效果裁定主要是设计者基于经验或规律的主观预设。思想问题的真实解决不仅取决于教育者的专业能力与专业素养,还取决于被教育者的思想品德素养、认知方式与行为模式。因为教育不是万能的,被教育者不同的生活境遇和人生经历造成了不同的价值追求、思维模式和行为习惯,因而实际思想教育工作的方式与成效千差万别。大赛只不过是一种工作能力的训练和演练而已,但它对辅导员职业能力提升的实践指向却值得学界关注。

启示之一,辅导员职业能力大赛体现了知识、技能和职业素养考核的有机统一,不仅考核能力也考核知识掌握,把技能和职业发展所需的情意素养一并列入能力考核范围。知识积累和职业品格成为辅导员职业能力体系的重要因素或支撑要素。

启示之二,辅导员职业能力大赛既突出体现了教育引导能力,也突出体现了对辅导员更新和提高专业知识、教育教学设计、语言表达等能力的重视,启示我们要拓展能力的层次和范围,将学习贯彻党的方针政策、遵守道德规范和法律等明确列入职业能力范围。

二、辅导员职业能力体系的支撑要素

辅导员职业能力是辅导员专业素养的综合体现,是辅导员集知识、技能、情感、态度、价值观于一体,完成岗位职责、实现职业使命的行为模式。思想政治教育内涵的丰富性、辅导员职业岗位工作的现实复杂性,使得学界对辅导员职业能力的基本要素研究尚未取得完全共识。本书以为,辅导员的职业能力体系的支撑要素包括情意素养(师德)、知识要素和技能要素三个方面。

(一)辅导员职业能力的情意要素

辅导员职业能力的情意要素是包括职业态度、职业道德、职业情感和职业信念等概念内涵的辅导员精神动力和道德行为模式的集合,既是辅导员专业素养的核心要素,也是影响和制约辅导员职业能力的关键因素。2014年9月9日,习近平和北师大师生代表座谈时强调,教师重要,就在于教师的工作是塑造灵魂、塑造生命、塑造人的工作。习近平总书记对好老师提出了四条标准,那就是要有理想信念、要有道德情操、要有扎实知识、要有仁爱之心。[①] 习近平总书记用"四有"的标准定义了"好老师",其中"有理想信念""有道德情操""有扎实学识""有仁爱之心"都是对师德的明确要求。2016年教师节前夕,习近平总书记在北京市八一学校考察时指出:"广大教师要做学生锤炼品格的引路人,做学生学习知识的引路人,做学生创新思维的引路人,做学术奉献祖国的引路人。"[②]"好老师"的"四有"标准和"四个引路人"为我们研究辅导员的情意素养提供了行动指南。

1. 辅导员的政治信念。辅导员的政治信念是辅导员专业素养的核心要素,是统领职业能力发展的灵魂。辅导员的工作性质、工作职责、工作使命决定了辅导员必须具备坚定的政治信念、政治立场和政治方向。在现阶段,辅导员的政治立场和政治信念表现在:深入学习领会习近平新时代中国特

---

① 李斌,霍小光.做党和人民满意的好老师[N].光明日报,2014－09－10(01).

② 黄小华."四有""四个引路人""四个相统一"好教师的标准[N].光明日报,2017－04－02(06).

色社会主义思想,坚决维护党中央权威和集中统一领导;坚定理想信念,旗帜鲜明讲政治,树牢"四个意识",增强"四个自信",提高政治站位,牢记使命的政治担当,把"四个意识"融入血液、注入灵魂,在思想上形成高度自觉;用马克思主义及马克思主义中国化理论,尤其是习近平新时代中国特色社会主义理论统率育人工作,在其位、谋其职、用其心、尽其责,把培养社会主义事业合格建设者和可靠接班人时时放在心上。

2. **辅导员的情感和态度**。辅导员作为一名教师,就是要确立献身党和人民事业的崇高情怀,就是要始终同党和人民站在一起,自觉做中国特色社会主义的坚定信仰者和忠实实践者,忠诚于党和人民的教育事业,认真履行党和人民赋予的神圣职责。辅导员选择职业的态度是其个人价值取向的集中表现,辅导员的职业态度也是一种职业精神和职业作为。辅导员坚持唯实求真,坚持调查研究,实干苦干,不务虚功,夙兴夜寐,认真工作,以一流业绩回报党和人民的信任和重托,表现的就是一种优良的职业态度和精神。辅导员的职业态度表现为坚定的事业心和职业责任感。只有具有热爱教育、献身教育的优良品质和奉献精神,为学生的发展尽心尽力,才能真正做好学生的"四个引路人";只有具有这样的职业情感和职业态度,才能不折不扣地完成育人工作。

3. **辅导员的职业道德**。职业道德是辅导员能力发展的核心要素。辅导员工作的对象是人,是帮助和指导学生实现个体社会化的责任承担者。具有教师身份的辅导员对学生施加的教育影响能否内化于心外化于行,既取决于辅导员的教育方法与手段的适切性,也取决于辅导员的人格魅力与职业道德魅力。

作为教师的辅导员要有良好的道德情操。辅导员应该以自己的模范行为自觉践行社会主义核心价值观,以公民道德规范标准和教师职业道德规范严格要求自己,不断提高自身道德修养,既要把正确的道德观传授给学生,也要以自身的道德人格魅力潜移默化地影响和感染学生。一个在人格和为人处事上热情、和蔼、诚实、守信、公正、谦逊、守法的辅导员也是学生的楷模。辅导员宽广的胸怀、执着的事业追求、良好的价值观念、创新的思维品质、稳定的心理素养、渊博的知识素养、持续不断的自我完善、和谐友善的人际关系,都是一种育人的基础,也都是学生成长进步的阶梯。

辅导员必须要有仁爱之心。辅导员关心关爱学生，既出于职业的要求、使命的需要，也出于做人的优秀品质和对教育真谛的深刻理解。辅导员唯有真心真意关爱学生、真实帮助学生、真诚指导学生，才能真正成为学生成长成才的人生导师和健康生活的知心朋友。

辅导员的情意素养或职业道德因素并非游离于辅导员职业能力之外的附属物，它是与职业能力休戚相关并决定职业能力内涵与发展方向的关键因素。辅导员代表国家、社会、学校行使的职权而产生的教育力、号召力、感召力、向心力、凝聚力内在地包含着辅导员的情意素养、价值取向、个性品质与个体风格，因而，以思想政治教育为己任的辅导员的情意素养在辅导员职业能力体系中占有极为重要的地位。

（二）辅导员职业能力的知识要素

高校辅导员专业化发展是辅导员队伍建设的趋势。辅导员职业能力的知识要素是辅导员专业化进程中的核心要素。因此，有研究者认为，"推进高校辅导员专业化，首先需要一套较完整的专业知识和技能体系作为专业人员从业的依据"[①]。

1. 辅导员知识的依据。现代社会是知识社会，知识成为社会发展与个体发展的关键资源。社会分工的进步，社会知识系统的发展，社会生活、生产领域的扩展和方式的更新，使得专业化职业活动得到加强。教师群体首先就是一个业缘群体，是以教育职业活动为生存、发展方式和联结纽带的一种人类聚合体，即由从事教学工作和教育教学管理活动的人所组成的人群。它是人类教育需要与能力不断积累、分化，教育活动的专业化程度日益提高的产物。高校辅导员是教师群体中的成员，是教师队伍中肩负思想政治教育使命的"特殊军团"，其专业领域是教育（辅导员职业活动），是思想政治教育活动，不是以传授某一学科领域的知识和技能为终极目标。中国高等教育改革的推进，新时代教育环境的变化，高校教育对象的发展需求，使得辅导员的工作任务越来越艰巨，对辅导员职业能力的要求也越来越高。辅导员的职业使命和职业能力提升的时代需要，要求辅导员必须不断地学习，掌

---

① 靳玉军. 论高校辅导员专业化的知识基础及其发展[J]. 高等教育研究，2008（3）：78－81.

握博大精深的知识和精湛的专业技艺,真正成为培养德才兼备的高素质人才的专业人员。

2. 辅导员知识的类型。现代知识论的研究认为,将知识从其存在形态出发,可以分为理论知识和实践性知识。英国著名物理化学家和思想家波兰尼区分了两种不同形式的知识:显性知识与缄默知识。① 缄默知识是人类知识总体中那些无法言传或不清楚的知识。如果把人类知识比作一座冰山,外显的知识结论不过是暴露的冰山一角,隐藏在一角之下的则是大量复杂的、不可言传的缄默知识。华东师大叶澜教授认为,教师的专业知识包括三个层面,具有复合性的特征。② 其第一层面是具有比较宽广的科学视角和较高的人文素养,以及当代重要的工具性的知识与技能。第二层面是1—2门学科专业知识和技能。第三层面是认识教育对象、开展教育活动和研究所需的教育学科知识和技能,如教育原理、心理学等。靳玉军认同申继亮关于教师的知识包括本体性知识、条件性知识和实践性知识的观点,认为本体性知识是辅导员活动的实体部分,条件性知识对本体性知识的传授发挥着理论支撑作用,实践性知识既是高校辅导员对本体性知识和条件性知识的深化,也是高校辅导员对自身职业个性和专业成熟程度的展现。③ 杨建义认为,辅导员具备的专业知识应包括本体性知识、条件性知识和发展性知识三个组成部分。④ 由于知识的内涵丰富而复杂,目前学界对知识形态的研究尚未达成共识,辅导员职业在专业化最核心的知识维度上发展程度还较低⑤,也由于辅导员职业工作的复杂性,对辅导员专业知识的内涵与形态的认识并未取得一致意见。本书认为,辅导员专业知识是以人文学科、社会学科为主体,以哲学(马克思主义哲学)、法学、教育学(包括心理学)等学科门类中

① 钟启泉,安桂清.研究性学习理论基础[M].上海:上海教育出版社,2003:49 – 50.
② 叶澜.新世纪教师专业素养初探[J].教育研究与实验,1998(1):41 – 46.
③ 靳玉军.论高校辅导员专业化的知识基础及其发展[J].高等教育研究,2008(3):78 – 81.
④ 杨建义.高校辅导员专业成长研究:基于思想政治教育学科的视野[M].北京:社会科学文献出版社,2016:44 – 45.
⑤ 王映,赵盈.高校辅导员专业化知识困境及其对策[J].思想理论教育,2017(3):103 – 107.

的相关知识为重点,以管理学、工学(计算机应用技术等)等方面的学科知识为补充的复合型知识体系,是理论性知识、实践经验积淀与实用性技能操作知识的统一。从知识分类角度,辅导员专业知识主要应包括基础性科学文化知识、学科性专业知识(思想政治教育学科)和教育专业知识三大类。

3. 辅导员知识的重点内容。辅导员的工作职责,要求辅导员的知识结构中必须具备的知识包括:马克思主义及马克思主义中国化理论知识、中国共产党的路线方针政策方面的知识、思想政治教育理论与实践方面的知识。《高等学校辅导员职业能力标准(暂行)》提出,辅导员应该具备基础知识、专业知识和法律法规知识等三大类理论知识。专业社会学认为,专业性职业的知识包括"关于这一专业的知识"和"为了这一专业的知识"。"关于这一专业的知识"处于核心位置,犹如向日葵的花蕊;"为了这一专业的知识"围绕在核心周围,仿佛向日葵的花瓣,这即是专业性职业的知识体系结构的向日葵模型。① 本书以为,辅导员必须具备的重点知识是辅导员专业发展的核心知识,其他知识都属于基础性、支撑性、条件性知识。在核心知识中,马克思主义理论与思想政治教育学科理论是上位与下位的关系,也是引领与被引领的关系,不能简单地用所谓本体性与条件性的概念割裂马克思主义理论与思想政治教育之间的紧密关系。高校辅导员的知识结构的确涉及多个专业领域,但各领域的知识都是完成思想政治教育任务的基础性条件,有些知识的存在与扩展并非完成现实工作所必需,比如学业指导所需的知识就不是辅导员队伍整体所必需。高校辅导员的职责不是类似中小学班主任的职责,高校的高深的学科专业知识也不能与中小学基础教育各门课程知识相提并论。虽然辅导员队伍中不乏高学历者,但专业学科知识底蕴与学生正在进行的学科专业学习内容完全接轨的辅导员数量能占多大的比重? 而且,辅导员的工作精力、辅导的场所与条件,以及工作、学习与生活的节奏安排都制约着辅导员进行学业辅导。因此,从高校的实际出发,辅导员的专业知识结构应重点放在思想政治教育上。

---

① 廖济忠,徐建军. 结构转型:高校辅导员队伍专业化建设的关键[J]. 现代大学教育,2006(4):90-93.

2017 年教育部令第 43 号《普通高等学校辅导员队伍建设规定》要求辅导员"具有从事思想政治教育工作相关学科的宽口径知识储备,掌握思想政治教育工作相关学科的基本原理和基础知识,掌握思想政治教育专业基本理论、知识和方法,掌握马克思主义中国化相关理论和知识,掌握大学生思想政治教育工作实务相关知识,掌握有关法律法规知识"①。

(三)辅导员职业能力的技能要素

辅导员的职业技能是辅导员运用专业知识解决工作中的问题、实现工作目标的基本能力。对工作岗位的具体职责缺少深入研究以及对工作领域具体使命的理想化设定,使得辅导员这一职业群体的专业领域至今仍不明确。如《职业能力标准》认为"高校辅导员是履行高等学校学生工作职责的专业人员",其专业领域是学生工作。而《队伍建设规定》则认为"专职辅导员是指在院(系)专职从事大学生日常思想政治教育工作的人员","具有教师和管理人员双重身份","高等学校应参照专任教师聘任的待遇和保障,与专职辅导员建立人事聘用关系","按专任教师职务岗位结构比例合理设置专职辅导员的相应教师职务岗位"。据此,辅导员应是"履行教育教学职责的专业人员"。

1. 辅导员专业领域是"教育"。尽管对辅导员专业领域的认识还不完全一致,我国专业人才培养目录中也没有辅导员专业,但从国家及社会对辅导员的职业要求看,辅导员的专业领域显然是"教育",是大学生思想政治教育。这种"教育",就如刘捷所说,"所关切的是如何培养完整的人,而不是以传授某一学科领域的知识和技能为终极目的"②。彰显辅导员专业素养与专业能力的主要领域,不是指思想政治理论课的课堂教学,也不是辅导学生学业、为学生生活提供帮助和服务的事务工作者,而是以促进学生的全面发展、德才兼备为目的的"教育行动与教育活动"。作为大学生思想政治教育与管理工作的组织者与实施者,主要的使命就是"育人"。虽然辅导员的工作身影不在专业课堂,但其组织实施的每一项思想政治教育活动,都是教育

---

① 中华人民共和国教育部.普通高等学校辅导员队伍建设规定[Z].2017-09-29.
② 刘捷.专业化:挑战 21 世纪的教师[M].北京:教育科学出版社,2003:68.

的载体,都是一种有意义的"课堂"。因此,把辅导员的使命定位在"教书育人"并不为过。

2.辅导员的技能素养。虽然辅导员具体的工作职责不够清晰,但其职责和工作实践都要求必须具备应有的专业技能素养。这种专业技能素养主要表现在以下三个层次:

一是基本专业技能素养,包括:依据工作职责要求和已有知识,有效地组织开展思想政治教育的技能;充分调动学生积极性,依托团学组织培养学生干部,培育良好班风、学风的技能;有效实施日常教育管理,如组织管理、处理问题的技能等;在心理健康教育、就业观念教育、学习观念教育等方面的技能;人际关系沟通、口头语言和书面语言表达的技能;运用信息技术和网络技术手段实施思想教育的技能等。

二是核心意义的专业技能。辅导员的主要职责是学生思想政治教育,因此其核心层面的技能是较强的思想政治教育技能,它包括政治方向的引导力、思想价值的引领力、道德品行的培育力等。

三是转化意义的拓展技能。辅导员在实际工作中敢于打破常规,拓宽思路,创新性地开展工作,既取决于较高的思想素质,也取决于良好的创新创造品质。辅导员在工作上不断推陈出新,需要以良好的研究能力为根基。辅导员之所以能承担起艰巨的工作任务,经得起各种工作任务的挑战和考验,是因为具有极强的自我学习意识和知识迁移能力。辅导员依托这种较强的知识迁移、知识整合和知识运用能力,才会在工作实践中举重若轻,举一反三,不断取得工作新成效,开辟良好的职业发展前景。

三、辅导员职业能力体系的多维建构

能力结构是能力理论研究范畴的重要问题之一,对辅导员能力结构体系的探讨关系到如何正确看待辅导员职业能力的发展现状以及提出符合实际的职业能力培养对策。但关于辅导员职业能力的结构体系研究讨论尚不够深入,有些学术见解尚未取得共识,还未引起学界的高度重视。杨雨龙认为,高校辅导员职业能力的建构受社会发展规律、思想政治教育内在规律和教育对象身心发展规律制约,只有满足辅导员职责的根本要求、社会发展变

化的时代要求、具备继承性和借鉴性以及职业能力的结构化要求等客观依据,才能确定职业能力的内容和范围。① 实际上,辅导员职业能力结构既有客观存在的实然状态,也有主观思维上的应然状态。依据功能价值和实践指向上的不同,辅导员职业能力在结构上必然呈现出不同的形态。本书尝试进行从平面到多维的样态分析,在系统把握整体功能的基础上,构建具有立体感和逻辑层次的辅导员职业能力的结构框架。

(一)辅导员职业能力的平面样态

辅导员究竟应该具有哪些能力,辅导员的工作职责要求具备什么能力,这是人们必须要思考的问题。对此,人们给出的答案首先是单元式罗列或添加式登录,只有在能力的单元到达一定的数量或者能力的超载已经达到一定的临界值时,人们才会思考能力结构的深层问题。有鉴于此,我们不妨首先探讨辅导员职业能力结构的平面样态。

2014 年教育部的《职业能力标准》发布后,学界对辅导员能力的范围、要求有了新的认识,很多分析辅导员能力的论述往往论及辅导员的 9 种能力,依次为:思想政治教育、党团组织和班级建设、学业指导、日常事务管理、心理健康教育与咨询工作、网络思想政治教育、校园危机事件应对、职业规划与就业创业指导、理论和实践研究。这 9 种能力除不常见的校园危机事件应对、理论和实践研究无太多实际内容外,几乎涵盖了学生工作的方方面面,指向比较具体,甚至连"健康生活指导"等都被列入思想政治教育的内容。

2017 年教育部令第 43 号对辅导员职业能力的内容范围做了新的规定,如将"学业指导"改成"学风建设",将"思想政治教育"改成"思想理论教育和价值引领"等,不应由辅导员做的学生事务有所减少。如果按照通用能力和特定能力划分能力类型,则 9 种能力均为特定能力。而较强的组织管理能力、语言文字表达能力、教育引导能力、调查研究能力等 4 种能力则属于对辅导员职业能力的基本要求,即辅导员开展思想理论教育和价值引领所应具备的重要的职业基础能力和专有能力。

将辅导员各项职业能力在平面上依照核心能力和基础能力的模块划分

---

① 杨雨龙.高校辅导员职业能力的确立依据[J].高校辅导员学刊,2011(6):12-16.

展开,则呈现如下的样态:

表1 职业能力单元的平面分类

职业能力单元	能力单元的意义包容	职业能力模块
思想理论教育和价值引领	思想理论教育能力 核心价值引领能力	职业核心能力 职业特定能力
网络思想政治教育	运用新技术开展思想政治教育能力 利用网络传播先进文化能力 开展学生网络素养教育能力 运用网络新媒体创新工作路径能力	
党团和班级建设	学生骨干培养和班级建设能力 指导学生党团组织建设能力	职业特定能力 职业基础能力
学风建设	熟悉了解学生学习情况能力 培养良好兴趣和学习习惯能力 指导学生课外科技文化活动能力	
学生日常事务管理	开展入学教育、毕业生教育的能力 组织开展学生军事训练的能力 为学生提供生活指导的能力	
心理健康教育与咨询工作	初步排查学生心理问题的能力 学生心理问题适当疏导的能力 心理健康教育知识宣传能力	
校园危机事件应对	组织开展基本安全教育能力 参与处理校园危机事件的能力	
职业规划与就业创业指导	指导学生进行职业生涯规划能力 对学生进行就业创业教育的能力	
理论和实践研究	学习基本理论知识和相关学科知识的能力 提高学术素养的能力 参与思想政治教育科研课题研究的能力	职业拓展能力 职业基础能力

(二)辅导员职业能力的层级形态

辅导员职业能力是衡量其能否胜任辅导员工作的关键指标。依据辅导员的主要工作任务、工作职责,辅导员应具备开展思想政治教育的核心能力、实施学生思想教育和日常管理事务所需要的基础能力,以及决定和影响职业发展的拓展能力。

71

1. **辅导员的职业基础能力**。辅导员的职业基础能力,指从事辅导员工作所需具备的基本素养和能力,既包括先天的身心素质,也包括后天训练而成的技能;既包括良好的思想政治素养,也包括基本的知能素养。比如,对辅导员的招聘考核,从某种意义上就是考核辅导员的基本职业素养和能力;国家对辅导员的基本要求,如应具备较强的组织管理能力,语言、文字表达能力,教育引导能力,调查研究能力,实质就是对辅导员基础能力的要求。基础能力是一个非常宽泛的概念,它是职业核心能力、职业拓展能力的基础。

2. **辅导员的职业核心能力**。辅导员核心职业能力或称职业关键能力,指完成辅导员主要职责所应具备的主要专业素养和主要专业能力,是辅导员工作具有专业性和专业技术的突出体现。核心能力对应的是主要岗位职责和专业技术领域,就是指思想政治教育能力。在一些人的认知中,辅导员是勤杂工、办事员,实质就是对辅导员职业核心能力的另一种体认。辅导员主要职责是什么,核心能力就是什么:辅导员是学生事务管理者,那么其核心能力就围绕学生事务工作而展开;辅导员是思想政治教育工作者,其核心能力就是思想政治教育能力。核心指向的是中心性、关键性、统率性和凝聚性。辅导员能否做好本职工作,取决于辅导员的专业技术素养和关键性的能力。举例而言,在政治素养和思想教育能力的要求上,辅导员与学校的普通职员是不同的,也不同于一般的管理人员,辅导员对思想政治教育规律、人才成长规律的理解与把握显然是普通职员、普通管理人员所无法比拟的。辅导员所具有的对思想政治教育规律的较好把握和深层领悟就是辅导员核心能力的体现。

3. **辅导员的职业拓展能力**。辅导员的职业拓展能力,指维系优良专业素养品质、推进辅导员专业化发展、培育辅导员个体职业竞争力的专业发展能力。它包括较强的创新创造能力、教育科研能力、职业观念更新能力、知识自我学习与更新能力以及职业素养的自我完善能力。它基于一般职业能力,生成于职业能力发展过程中,服务于职业核心能力并成为职业核心能力的重要内涵,是推进辅导员能力发展、创造辅导员职业工作佳绩、拓展辅导员职业发展空间的内在动力源。

辅导员的基本职业能力与核心职业能力、职业拓展能力存在复杂的逻

辑关系:首先是包容关系,核心能力居于中心或核心地位,拓展能力、基础能力以核心能力的不同基础底蕴而存在,如图1所示:

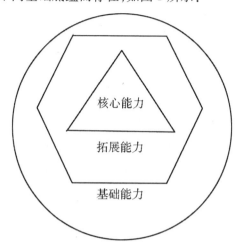

图1　辅导员能力结构要素的包容形态图

其次是交叉关系,三种能力形态交叉融合,并各有边界,如图2所示:

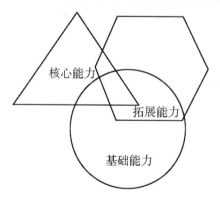

图2　辅导员能力结构要素的交叉形态图

最后是递进关系,三种能力形态呈递进关系,前者是后者的前提,后者在前者的基础上生成,如图3所示:

图3　辅导员能力结构要素的递进形态图

73

实际上,这三种能力也是一种对立统一关系,三种能力因内涵指向不同而各以独自形态出现,但又存在于一个统一体中,以整体功能发挥为主要行为模式。

(三)辅导员职业基础能力的范围

辅导员职业基础能力范围究竟应包括哪些内容,学界并无统一的认识。刘海春认为,辅导员职业能力是指辅导员应当具备的能促使其思想、业务及人格不断趋于完善、不断有所发展的能力。它主要包括组织管理能力、人际交往能力、学习能力、科研能力、创新能力等。① 周家伦认为,辅导员应具备的基本能力包括:有效开展思想政治教育的能力、开展学生心理咨询活动的能力、对学生学习方法加以个案分析指导的能力、就业指导能力和职业道德教育能力。② 这是站在思想政治教育工作应该具备的能力以及较大的包容性角度说的。从覆盖的宽广面说,许多研究者将基本能力的边界延伸到心理健康教育、心理咨询和就业指导以及学生事务管理领域,也是事出有因。

本书以为,辅导员职业基础能力应以思想政治教育方面的要求为依据,而不是以学生发展需要为依据,因为学生发展的很多需要并非辅导员所能独立完成,学校的很多机构设置、基础设施建设、师资配备等都是为了学生的发展。就学校而言,为学生发展服务需要有工作职责的具体分工。辅导员的有些工作角色是特定时期的角色,并非辅导员长期专属。

掌握思想政治教育基本知识、基本技能的能力。根据《普通高等学校辅导员培训规划(2013—2017年)》中关于思想政治教育基本能力培训的内容,辅导员职业基础能力首先是开展思想政治教育的基本工作方法和技能,包括主题教育、个别谈心、党团活动、社会实践活动等思想政治教育的基本方法,这些是辅导员开展思想政治教育的基本能力。

心理健康教育能力是辅导员职业基本能力。现代化的工作和生活节奏,现代社会的生活和精神压力,使得心理健康和咨询工作变得越加重要,学校的教师和辅导员应该了解学生的心态和情绪状况,适时地调整教育的思路与方法。但应该清楚,学生心理咨询并非辅导员职业资质的重要内容,

---

① 刘海春.高校辅导员职业生涯发展教程[M].北京:人民出版社,2009:177-180.
② 周家伦.高校辅导员:理论、实务与开拓[M].上海:同济大学出版社,2011:30.

辅导员需要掌握心理学知识，无论是社会心理学、个性心理学还是教育心理学、发展心理学，目的是更好地实施思想政治教育，达到思想政治教育的最佳效果。但很多高校辅导员不具有心理学专业背景，在《队伍建设规定》中关于辅导员基本条件里面，对知识储备要求有 5 个"掌握"，但并未写明必须具备心理学知识，该学科知识要求只是包含在"相关学科的基本原理和基础知识"中。另外，学校也有按比例设置的专职心理健康教育教师，辅导员不能把心理咨询机构的职能作为自己的职能，心理咨询教师也不能把辅导员的思想政治教育职责作为自己的职责。尽管专职心理健康教育与心理咨询教师被划入政治工作队伍，但毕竟不是辅导员。

辅导员应具有职业规划与就业创业指导能力。这是一种基础能力，辅导员具有这种指导能力，有助于促进学生的全面发展和成才成功，但就指向而言，应侧重于对学生实施就业、择业、创业的观念教育。就业指导能力，从思想政治教育角度说应是一种补充或扩展能力；从职业规划指导师角度说，可能是一种重要的能力。"就业指导"与"就业教育"概念的内涵不同，辅导员应该关心提高学生的就业率和就业质量，但这并非辅导员的常规职责。每年就业市场的变化、相关专业的就业前景、相关就业信息的提供，应该有相关专业人员去研究，更何况受专业限制，辅导员不可能准确把握每个专业的就业信息。就业指导能力的内涵，既有就业、择业观念教育，也有就业技能技巧培养以及就业市场的分析、就业信息中的岗位推介等。就业指导能力的高低是否与就业率、就业质量的高低成正比，目前尚无人能够做出准确的研究判断，但学校的学术地位、专业排名、人才培养质量与就业质量的高低却可以成正比。举例说，国内的清华、北大等知名高校何时因就业问题而焦虑过？清华、北大的辅导员可能不会因学生的就业问题而过于烦恼。就业指导当然具有专业性，这种专业性内涵在于对就业市场的精细分析，对就业信息的准确把握，对社会职业需求的科学预测，对专业壁垒、专业人才需求的理性判断以及对整个社会就业大环境的宏观研究等。对这种专业内涵的理解与把握并非以思想政治教育为己任的辅导员在短期内所能望其项背的，何况就业市场、专业人才需求、个体职业选择等本身就是一种变量。影响辅导员就业创业指导能力提升的因素有很多，对此项能力的考核评估尚有待学界深入探讨。

美国耶鲁大学 1928 年的报告中写道："一个人的优良教育,广阔视野,坚实、典雅的造诣比掌握某些专业技能更重要。大学教育的目标应该是奠定高级教育的基础,而不是专业训练;是获得生活的艺术,而不是谋生。"耶鲁大学前校长施密德特说:"我们千万不能忘记名牌大学的教育不是为了求职,而是为了生活。"①就中国高校的使命而言,立德树人是高校办学的根本宗旨与方向。高校培养人才需要与社会对接,服务于经济社会的发展,但培养人才与使用人才毕竟不是一个概念,解决学生的"就业焦虑"需要教育的功能,但最根本的还是政府功能的发挥和社会对人才的需求。高质量的就业本身考量的是毕业生的素养与能力,也考核着相关专业的价值地位以及就业管理部门的工作责任感和务实能力。研究辅导员的就业创业指导能力,应重点放在"帮助学生树立正确的就业观念,引导学生到基层、到西部、到祖国最需要的地方建功立业",这也是加强高校学生思想政治教育的应有之义。

辅导员应具有组织管理能力。组织管理能力是辅导员能力结构中的重要因素。组织管理能力是指辅导员对党支部、团支部、学生班级等进行科学有效管理的能力。组织管理能力是高校辅导员职业能力的重要构成因素之一。辅导员所从事的思想政治教育和管理工作是一种社会性的教育活动,既要具备从宏观和全局上进行决策和调控的能力,又要具备从微观和具体细节上进行指挥和引导的能力。因此,辅导员的组织管理能力既属于职业基本能力,也构成了职业核心能力的重要内容。2017 年教育部令第 43 号对辅导员的学生日常事务管理提出了明确要求,其中包括入学教育,毕业生教育,学生军事训练,奖学金、助学金评选,助学贷款,勤工俭学,困难帮扶,生活指导等具体内容,有利于我们深入理解辅导员组织管理能力的具体内涵,建立新的辅导员常规工作的运行体系。

辅导员应具有人际交往能力。人际交往能力到底应包括哪些内涵,目前并无统一的说法。辅导员的人际交往能力,应包括妥善处理组织内外部

① 刘向兵.本科教育质量与研究型大学核心竞争力的培育[A]//着力提高高等教育质量努力增强高校创新与服务能力:北京市高等教育学会 2007 年学术年会论文集(下册).北京:北京市高等教育学会,2008:6.

关系的能力、与人和谐共处的能力、与组织或个人协调沟通解决问题的能力。良好的人际关系是辅导员在育人的氛围中主动适应环境、创造工作条件、完成工作职责、实现职业价值的需要。

辅导员工作对象是人,最大的人际关系首先源自学生,源自不同地区、不同家庭背景、不同个性特点以及不同发展诉求的学生。其次,源于某工作范围可能接触到的各色人群。在双重管理体制机制下,辅导员不仅要接受所在部门也即办学部门的直接领导,处理好和领导的关系、和同事的关系,还要接受学生管理机构的垂直领导,处理好和"领导部门"的关系。因工作职责的关系,学生的政治生活、政治素养发展涉及党团组织,学生的专业学习涉及专任教师,学生的社会实践涉及社会组织等,辅导员要与其他各种机构、各种工作群体发生工作联系和人际交往。对辅导员而言,人际交往能力就是了解别人的能力,包括别人的行事动机与方法,以及如何与别人合作。辅导员要学会并善于与各种人员接触交往,提高合作能力与协调能力,妥善处理好与其他各方的人际关系,以取得他们的理解和配合,形成团结、互助、友爱、和谐的人际环境和共育良才的合力。

辅导员应具有沟通交流能力。辅导员的工作职责与使命要求辅导员了解学生的发展需求,实施与学生之间(即师生之间)的沟通交流,而依托党团学组织创设的各种教育活动也为师生之间的沟通交流提供了实践平台。人类生活世界的丰富性和复杂性,学生思想政治教育的实践指向,学生发展的诉求,将师生之间的沟通交流推向了新的舞台。辅导员与学生的沟通,首先是精神的沟通、情感的交流和心灵的碰撞,辅导员只有通过沟通交流,才能更好地走进学生的精神世界和情感世界,了解学生的情绪情感、所思所想,进而实现问题的解决和思想价值的引领。辅导员应不断地研究探索沟通交流的有效方式方法,既要有面对面的对话交流,也要有基于网络平台的信息交流;既要创设宽松民主的交流氛围,也要充分发挥辅导员个体人格的影响力。

现代科学技术的进步,尤其是网络信息技术的应用,既丰富了人的精神世界需要,也在某种程度上影响了人与人之间的情感的真实交流。网络世界的虚拟性、及时性也冲击着人的精神世界与人的现实世界之间的有机联结,给情感的沟通造成了新的障碍。辅导员应是学生健康发展、全面发展的指导者和促进者。"作为教师,他的生命是一场灵魂与思想健康成长之伟大意义的奋斗,只能成功,不能失败。"①辅导员与学生之间的沟通交流,无论面临多大的工作压力,无论有无问题与需要的发生,都应保持经常性、及时性和主动性。

学校的稳定、学生的稳定,首先是政治的稳定、思想的稳定。现实生活中,人与人之间很多矛盾冲突其实都是沟通交流不够或沟通交流的渠道不畅造成的。在现实社会中,人们难免有利益的纠葛、情感的纠纷、心绪的烦躁,学生群体中也存在这样或那样的矛盾冲突,尤其在办学质量等级偏低的学校,发生的频率可能会更高。这就更需要辅导员群体,甚至全部思想政治教育工作者,提高沟通交流能力,依据思想政治教育的规律和法律武器,有效化解矛盾冲突,创造教学生活、学习生活、工作生活的和谐氛围。

辅导员应具有语言表达能力。辅导员能否针对学生心理特点和思想实际进行有效的说服教育,在很大程度上取决于辅导员口头语言表达能力的优劣。辅导员需要不断地提高语言的知识含量、艺术含量、思想含量以及感染力、感动力、渗透力和穿透力。良好的语言效力,会带来"忽如一夜春风来,千树万树梨花开"的精神愉悦,也会形成"听君一席话,胜读十年书"的思想领悟。所谓"醍醐灌顶""茅塞顿开"都是对语言力量与功效的最好说明。辅导员不仅需要修炼口头语言艺术,还要提高书面语言素养。辅导员的工作需要文字的功夫,需要文章撰写能力和准确的文字表达能力。有分量的工作总结、高质量的调查报告,其背后都蕴含着辅导员的哲学功底、文学修养、知识积累和丰富阅历。因此,辅导员需要不断地提升自身的语言表达功夫,才能在专业化发展中做到游刃有余。

辅导员应具有信息技术运用能力。信息化社会推进了思想政治教育观念的转型、方式方法的改变。大数据、智能化、多媒体、自媒体、微博、微信等都已走入社会生活。占领网络阵地、掌握网络舆情,需要具备较强的信息技术运用能力;及时与学生交流沟通,开展网络教育、网络沟通等同样需要信息技术能力。在网络无处不有、无时不在的当下,谁的信息技术高超,谁的

---

① 叶澜,白益民,王枬,等.教师角色与教师发展新探[M].北京:教育科学出版社,2001:37.

工作就更加得心应手。

辅导员应具有激发学生学习的能力。辅导员开展学风建设,主要内容是营造学习氛围,激发学习兴趣,培养良好学习习惯,帮助和指导学生掌握正确的学习方法,促进学生的学习。开展学风建设,要求辅导员具备激发学生学习的能力。随着信息时代的知识转型和学习方式的改变,技术支持的主动学习和建构学习成为每个学习者的必然选择。信息技术的进步,将更需要辅导员学会激发学生主动学习、建构学习和创造性学习的能力。

(四)辅导员职业核心能力的指向

近年来,职业核心能力的研究引起了学界的重视,很多研究者也分析阐述了辅导员的职业核心能力,但多是《高等学校辅导员职业能力标准(暂行)》中涉及的辅导员众多职业能力的重新洗牌与组装。值得注意的是,已有研究者尝试开辟辅导员核心能力的研究路径。李永山认为,高校辅导员工作的核心能力具有职业性、专业性,以及可观察、可衡量和可培养的特性,当前应具备9项核心能力,分别是思想教育与政治引导能力,教育活动的设计、实施与指导能力,学生学习与发展的深度辅导能力,法律、政策和制度的宣传、解释和贯彻执行的能力,危机事件的预防、识别与应对处理能力,人际沟通、交流和说服的能力,组织、管理和领导的能力,教育教学与科学研究的能力,遵守职业伦理规范的能力。[①] 何萌针对能力研究中将一般能力泛化为核心能力的弊端,分析总结了核心能力的概念,认为核心能力是居于核心主导地位的、综合性的深度能力,是从事高校辅导员职业不可或缺且不可替代的特殊专业能力。核心能力和一般能力是个性与共性的有机统一。[②] 何萌认为,辅导员核心能力包含了思想政治教育能力、学生发展指导能力两大方面,并把核心能力按层次细分,第一层级为2个一级能力,每个一级层级包括4个二级子能力,共计8个子能力构成核心能力的第二层级。二级子能力下又包含了共计24项三级子能力,构成了能力等级的第三层级。苏文明等人

---

① 李永山.高校辅导员工作的核心能力及其培养[J].思想教育研究,2015(1):82 - 85.

② 何萌.高校辅导员核心能力建设问题研究[D].济南:山东大学博士学位论文, 2016:65 - 69.

认为,辅导员职业核心能力包括专业能力、专业素养及自我发展能力等。①

朱慧认为,从辅导员职业核心能力的现有成果看,模型式的囊括容易模糊核心能力和一般能力的界限,使辅导员职业培训目标不易明晰,职业核心能力的培育难以找到着力点。朱慧认为,高校辅导员工作的核心能力包括思想政治教育能力、实际问题解决能力、信服力三个部分。② 三个维度的提炼既克服了多元论在辅导员培育及培训时难以有的放矢的弊端,又体现了辅导员岗位的独特性。

在国家高度重视辅导员在思想政治教育工作中骨干地位的背景下,研究辅导员的核心职业能力具有极为重要的意义。近年来,由于辅导员岗位职责不清、工作性质不明、职业角色多样所造成的工作中心偏离、职业使命模糊、职业能力转移或下降,客观上影响了学生思想政治教育的应有效果。研究或探讨辅导员的核心能力,可以增进对辅导员岗位主要职责和使命的新认知,克服能力发展多元化导致的能力发展主导方向的迷失,消除对思想政治教育工作的抽象肯定、具体否定的怪象,重新树立辅导员的职业角色形象,提高辅导员在思想政治教育工作上的有效作为。

本书认为,辅导员的核心职业能力就是思想政治教育能力,它包括政治方向引导能力、思想价值引领能力、道德行为培养能力和全面发展指导能力。辅导员核心能力是在工作过程中形成的,是彰显辅导员内在素养的能力,是一种"积累性学识",难以为竞争者所模仿、替代。辅导员核心能力的培育以及从无到有、从弱到强的过程,是外部灌输式培养、技能化训练的过程,是辅导员个体自我学习、自我训练、自我反思的过程,也是内部积累与外部获取相结合、内部要素能力与外部工作平台交相融汇而不断建构的过程。

(五)辅导员职业拓展能力的意义

较强的自我学习能力。较强的自我学习能力是辅导员做好学生工作的必要前提。辅导员工作涉及高校学生事务的方方面面,包括学生思想教育、就业指导、心理咨询、奖贷、勤工助学、入党以及校园文化建设等。辅导员要

---

① 苏文明,朱惠斌,奉姣,等.高校辅导员职业核心竞争力研究[J].教育评论,2014(10):53-55.

② 朱慧.企业核心能力理论对高校辅导员职业核心能力培育的启示[J].高教学刊,2017(22):63-65.

处理好各项工作，就要具备扎实的业务功底，拥有丰富的知识储备，并且善于灵活运用知识。根据工作性质和岗位特点，辅导员除了要掌握一般的自然科学，还必须通晓教育学、心理学、政治学、组织行为学等方方面面的知识，懂得教育规律和人才成长规律。在政治和经济飞速发展的今天，辅导员不但要引导学生学会用科学的态度分析现实生活中的政治、经济、文化、道德现象，辨别各种社会思潮，正确认识人类社会历史发展的客观规律，而且由于知识经济的快速发展和信息技术的进步，学生的知识量也在成倍增长，这些因素势必随时都会对教育提出新的要求。

辅导员的学习是工作使命要求的学习，是丰富个体精神世界需要的学习。辅导员通过理论知识的学习，将外在的知识、文化以及他人的创造转化为自身的发展与成长；通过实践的学习，实现个体经验的积累，获得独立的领悟。

较强的教育科研能力。辅导员的自我发展是辅导员的知识拓展、能力提高和情意发展的过程，这些过程离不开辅导员的研究能力。辅导员的研究能力是辅导员自身专业素养与能力不断发展的必要条件，也是辅导员专业化程度的最高表现。辅导员的研究能力，首先表现为反思能力，即对自己教育实践和周围教育现象的反思能力；其次表现为问题意识和研究意识，即能够保持一种敏感和探索的习惯，在实践中研究，在研究中实践，善于发现问题，研究问题；再次表现为树立和保持对思想政治教育规律的探索与研究的意识。在时代飞速变迁的今天，思想政治教育工作的丰富性、复杂性和不确定性剧增，要正确把握思想政治教育工作的规律，科学理性地开展思想政治教育工作，辅导员必须增强自己的科研能力，以保持处处主动，做到"早预见、早解决"。辅导员需要对思想政治教育的实践进行认真的学习与反思，善于从别人的实践中吸取经验与教训，从反思自身的教育实践中获得领悟和启迪，积极积累丰富的资料和实践经验，对此进行归纳总结、理论分析，并在此基础上有所理论创新，形成扎实的成果，反过来再指导后续的实践，就能大大提高工作的主动性与自觉性，从而不断提升工作水平。

创新能力。创新能力是指辅导员在从事学生思想政治教育工作时不墨守成规，不拘泥于旧的思维模式和框架，勇于并善于创新，随时根据社会的发展变化不断丰富、完善工作内容，把创新精神贯穿于思想政治工作的始终。辅导员工作对象的多样性与差异性,决定了辅导员工作本身就应该是一种创造性的职业。对现代高校的辅导员工作来说,过去单纯的思想政治教育模式显然已经不能完全适应现实的需要,高校思想政治教育形势比以往任何时候都更加严峻和具有挑战性,这就要求辅导员在继承与发扬优良传统的基础上,不断增强自身的创新能力,尤其要在工作方式、管理理念、思维模式等方面不断创新,挖掘和整合利用各种教育资源,解决学生思想、生活、学习、就业等方面的问题。创新能力是辅导员职业的诸多能力中最具有根本意义的能力,也是辅导员提高思想政治工作水平的不竭动力。

(六)辅导员职业能力的整体功能

辅导员职业能力的结构是一个复杂的系统,也是一个多维的整体。它以完成中心任务或核心任务、履行岗位职责为主要目标,通过系统内各要素的协调配合,构成互相作用、缺一不可的统一体,以实现职业能力的整体功能。辅导员职业核心能力是全部力量的集合,体现核心能力的功能。辅导员职业基础能力,可以作为核心能力的细胞和单元,体现着核心能力的指向。核心能力的实现,需要以表达能力为基础,才能达到说服教育的目的。舍去基础能力,职业核心能力便无从谈起。辅导员职业拓展能力就是一种转化剂或助推器,推动着基础能力的发挥,促进着核心能力的发展与完善。

第四章　高校辅导员职业能力发展的基本条件

随着我国经济和社会的发展,大学生的思想观念和价值取向日益多样化,独立性、选择性、多变性和差异性日益增强。这种变化客观上对辅导员提出了新的要求。辅导员要实现能力的发展与超越,必须依据雄厚的教育基础,包括扎实的专业依据、广博的知识基础、踏实的实践探索、深沉的实践领悟、厚重的学术根基、丰富的精神追求。

一、辅导员职业能力发展的思想基础

辅导员职业能力发展离不开扎实的职业素养,离不开对职业理想、职业价值的孜孜追求。辅导员职业能力发展需要外部机制的激励,但在内部发展动因上,则更需要精神的力量。辅导员的自主奉献精神、辅导员的职业发展追求、辅导员职业群体的和谐共进,是辅导员职业能力发展的重要精神源泉。

(一)辅导员应具有自主奉献精神

辅导员职业是奉献性、创造性很强的职业。选择辅导员职业,就意味着要拥有"春蚕到死丝方尽,蜡炬成灰泪始干"的奉献精神,忠诚党的教育事业,执着地在思想政治教育工作上坚定前行,不断地创新发展。

辅导员应具有坚定的职业理想和职业自信,这是支撑辅导员职业发展的重要精神支柱,也是辅导员生存与发展的能力。未来的时代是需要和创造强者的时代,因而,辅导员应在贯彻执行立德树人根本任务中凸显作为,在欣然领略新时代要求中奋发有为。

辅导员应具有迎接挑战的冲动和勇气,具有承受挫折和战胜危机的顽强意志。当下社会快速发展,机遇与挑战并存,成功的诱惑与失败的威胁同时存在,辅导员应以不甘人后、开拓进取的敬业精神,在思想政治教育工作实践中奋发有为,建功立业。

(二)辅导员职业能力的自我追求

生命进取的力量就是在有缺憾的人生中追求完美,在改造客观世界的同时改造主观世界。德国教育家第斯多惠说,教师必须在他自身和在自己的使命中找到真正的教育的最强烈的刺激,那就是把自我教育作为他终身的任务。对教育事业怀有历史使命感和高度责任感的辅导员,应深知自我教育的意义与价值,因而要孜孜不倦地学习,持续不断地加强自身的修养,在"育人"过程中不断地"育己"。当代青年要有知识不足、本领不足、能力不足的紧迫感,自觉加强学习、加强实践,永不自满,永不懈怠。辅导员要适应党和国家工作的新进展,在积极应对新形势、新任务、新挑战中努力增强各方面本领,积极实现中华民族伟大复兴的中国梦。

(三)辅导员职业群体的和谐共进

国内外政治经济形势的发展、多元文化的交流交锋、互联网与新媒体手段的快速发展,使得辅导员工作的复杂性明显增强。面对大学生思想政治教育的新形势、新任务、新挑战,辅导员要克服职业懈怠,不断学习和更新专业知识,不断提升职业能力;要改进工作模式,加强辅导员之间的团结合作,以实现辅导员职业群体的和谐共进。辅导员的"零散型"工作模式很难实现辅导员专业化发展所需的知识储备和工作实践之间持续有效的衔接,也容易产生职业疲惫和倦怠。[①] 因此,需要改革辅导员工作模式和管理模式,建立辅导员共同体,以加强辅导员之间的协同合作,提升整体的专业化水平。

二、辅导员职业能力发展的专业基础

随着经济社会的发展、高校教育改革和教育环境的变化,辅导员职业群体面临的挑战和压力也越来越大,对其素质能力提出了更高的要求,辅导员专业化成为队伍建设的内在诉求和时代要求。

(一)辅导员职业的专业化意蕴

1. 辅导员职业身份的专业性。"高校辅导员是高校教师队伍的重要组成部分",表明高校辅导员是专业人员。作为教师,辅导员是高校教师群体

---

① 楼艳,叶文.基于导师制的团队合作辅导员专业化发展模式探索[J].思想理论教育,2017(1):104 – 107.

中履行思想政治教育职责的专业人员,承担学生的日常思想政治教育工作任务,扮演着学生发展指导者和人生导师的角色。教师是一个专业性很强的职业,需要以系统的知识和技能做支撑。教师的教育教学活动,是一个融实践性、研究性、创新性、思想性为一体的育人过程,体现着教师的生活方式、存在状态、理想信念和价值追求。辅导员以教师身份从事思想政治教育,需要不断地接受培训、提高专业素养与技能,通过接受培养培训以及自我完善,提高职业能力。

2. 辅导员职业工作的专业性。在专业社会学语境中,"专业"(profession)是指一部分知识含量极高的特殊职业,或称"专门职业",即一群人经过专门教育或训练,具有较高深和独特的专门知识与技术,按照一定专业标准进行专门化的处理活动,从而解决人生和社会问题,促进社会进步并获得相应报酬和社会地位的专门职业。在社会学领域,专业作为一个科学术语,被看成一个富有历史、文化含义的概念。

布兰代斯对专业概念的描述是公认的经典。他认为:"专业是一个正式的职业;为了从事这一职业,必要的上岗前的训练是以智能为特质,卷入知识和某些扩充的学问,它们不同于纯粹的技能;专业主要供人从事于为他人服务而不是从业者单纯的谋生工具,因此,从业者获得经济回报不是衡量他(她)职业成功的主要标准。"①而专业区别于一般职业则在于它们非同寻常的深奥知识和复杂技能——每一个专业都有一个科学的知识体系。刘捷认为,一个成熟的专业应该具备六大特征与标准,即专业知能、专业道德、专业训练、专业发展、专业自主、专业组织。②

本书所论述的专业主要是指社会学的概念,辅导员的专业性并非指教育学意义上的"学科专业"(学科门类),而是指职业岗位工作的专门化程度。辅导员的专业领域显然是"教育",是大学生思想政治教育。就专业化程度而言,辅导员职业还未达到专业完全成熟的程度,因而有人认为,辅导员是"起步中的专业"或"发展中的专业"。

① 赵康.专业、专业属性及判断成熟专业的六条标准:一个社会学角度的分析[J].社会学研究,2000(5):30-39.

② 刘捷.专业化:挑战 21 世纪的教师[M].北京:教育科学出版社,2003:61-64.

3. 辅导员专业化职业化趋势。"专业化"是一个社会学术语,用来反映一个职业争取并最终获得履行一个特定工作排他性权利的过程。弗雷德逊认为:"专业化可以被界定为一个过程,在这个过程中,一个被组织起来的职业通常(但不总是)是因为从事这一职业需要专门、深奥的知识和才能,以保证工作的质量和对社会的福利,从而获得履行这一特定工作的排他性权利,且要控制训练的标准和实施对成员的培训,同时有权评估和决定工作如何进行。"①华东师大叶澜教授认为专业包括与时代精神相通的专业理念、多层复合的专业知识以及履行责任和权利的各种能力。专业化是对从业人员在知识、素养和能力等方面提出严格要求,并进行制度规范的过程,表征职业本身的不可替代性。因此,辅导员专业化既是辅导员职业发展的内在要求,也是高校人才培养的客观需要。②

辅导员专业化不仅是辅导员整体提升职业地位的过程,也是个体的技能和水平相应提高的过程。优秀辅导员是专业化的先行者,以实际行动展示着个体经过科学系统的专业训练,在不断加强自身反思和实践的基础上,通过自我设计、自我学习和自我修炼的专业提升活动,使个体内在的专业性不断提高,逐渐成长为一名专业人员的发展过程。

辅导员的专业化发展,不仅需要辅导员个体的实践努力,更需要外在的体制机制推动,即需要来自"国家力量"的推动。国家关于辅导员队伍建设的措施,包括制定辅导员能力标准、构筑坚实的学科支撑、采取职业能力培养培训措施体系等,大力推进辅导员专业化职业化进程。辅导员职业能力发展只有置身于宏大的辅导员专业化发展进程中和浓郁的辅导员专业化建设氛围中才能实现最大的功效。

(二)专业定向是辅导员职业能力形成的基本前提

尽管学界对辅导员专业领域的认识尚未完全一致,对辅导员专业发展方向的理解还存在若干差异,但对辅导员具有思想政治教育职责的认识基本一致,对辅导员应该具有教育学生的能力并无异议,关键是对辅导员核心

---

① 史慧明.高校辅导员专业化的理论诉求:对辅导员专业化的几个热点问题综述[J].江苏高教,2009(4):113-115.

② 张洁.基于全国高校辅导员年度人物的辅导员专业化研究[J].思想理论教育,2015(3):94-99.

工作职责及在核心职业能力理解上的差异。

1.思想政治教育是辅导员的主要专业领域。思想政治教育是主业与负责学生发展工作并不矛盾，主要依据是：第一，学生的全面发展是教育方针，是人才培养指导思想，是工作目标和工作理念，是高校人才培养的全局性、战略性指向，不是具体的工作职责。在一所高校内部，没有一个人，也没有任何一个机构能够对学生的全面发展全面负责。例如，培养学生的健康体魄主要不是由辅导员，而是由学校的体育部门负责；培养学生的学科专业素养是专业教师的职责，不能以培养学生全面发展为借口，把本不属于辅导员的工作职责强加到辅导员身上来。每个辅导员个体，无论能力多强、素质多高，都无法独立承担100—200名学生全面发展的重担，既不现实也无可能。第二，高校辅导员主要应指向思想政治教育，而不是指向学生工作。高校辅导员是学生思想政治教育辅导员，不能称为"学生学习辅导员"也不宜称为"学生辅导员"。中央文件明确规定："辅导员按照党委的部署有针对性地开展思想政治教育活动。"就"学生辅导员"概念来说，虽然仅在"辅导员"前面加了"学生"两个字，却增加了许多歧义；就指向来说，政治思想上的辅导、学业上的辅导、技能上的辅导都能说得通，课外辅导员、大队辅导员、高校辅导员等在概念上都能成立，但"学生"辅导指的是什么？"学生辅导员"工作岗位设置理由在哪里？尽管辅导员工作的对象是学生，但高校教师教学工作的对象也是学生，不光辅导员服务的对象是学生，高校广大教师服务的对象也是学生。第三，大学生思想政治教育的主要任务有四条，即以理想信念为核心的"三观"教育、以爱国主义教育为重点的民族精神教育、以基本道德规范为基础的公民道德教育、以大学生全面发展为目标的素质教育。没有任何一个文件规定辅导员的工作任务是管理和服务，更没有也不可能有任何一个文件规定辅导员"全方位负责学生发展工作"。无论从理论还是现实出发，"全方位"地"负责"学生"发展"工作，都是不可能的。从法理角度上说，辅导员无权对学生全面发展负责，只有为学生的全面发展履行"应尽"的责任与义务。从完成高校思想政治教育主要任务的角度看，需要教育工作者的合力，各领域、各部门、各类群体、全体教职工都有育人的责任和义务，这也正是全方位育人、全过程育人、全员性育人的精髓所在。另外，完成思想政治教育任务，也需要具体的职责分工，对此，国家已有明文规定。辅导员应该从思想政治教育的总任务中找到自己的职责。就素质教育任务而言，辅导员应围绕全面发展的目标，找到自己的位置，做好自己应尽的职责，而不是把"全面发展的目标"当作独属自己的具体职责。

确立思想政治教育为辅导员的主要专业领域，有利于辅导员从繁杂的学生事务中摆脱出来，集中精力做好本职工作，提升专业能力。在具体职责不清晰的情况下，辅导员在思想政治教育工作中必须倾力而为，在促进学生全面发展工作中尽力而为，在就业服务、宿舍管理等学生事务工作中量力而为。

2. 明确的专业定位有益于增强辅导员职业能力。从专业的角度，辅导员在实际工作中面对着层出不穷的变化，要通过不断的在职培训提升能力，才能实现个体的专业发展。在开放的社会环境下，学生的发展诉求复杂多样，如何增强思想政治教育的针对性、实效性和感染力，研究和解决学生发展中面临的困惑和难题，是对辅导员个体职业能力的考量。有学者认为，"在这样一个高度综合而又分化的工作领域中，辅导员专业定位不仅关乎工作的实际成效，也关涉自身发展。只有通过专业定位，明确辅导员专业化发展方向，才能把辅导员造就成为术业有专攻的思想政治教育者"①。因此，辅导员专业定位是专业化发展的基础，也是破解辅导员专业化职业化困境、发展辅导员职业能力的关键环节。

3. 明确的专业定位有利于解决辅导员角色困惑。由于专业定位不清、工作边界模糊、工作内容泛化，许多辅导员面临着一些工作困境，事务性、临时性和琐碎性工作占用了大量时间与精力，多重角色的冲突和矛盾不仅降低了辅导员工作成就感，也容易造成辅导员的职业倦怠，冲击了辅导员职业核心能力的发展方向。

辅导员具有教师和管理人员的双重身份。辅导员"双线晋升"（既可以按照专业技术职称，也可以按照行政职级晋升）的机制建立，虽然有利于保持辅导员队伍的相对稳定，但是否有利于辅导员专业化发展还有待考究。许多学者曾对辅导员"双线晋升"机制的功效产生怀疑，辅导员选择行政职

---

① 杨建义.高校辅导员专业定位、标准及其达成[J].福建师范大学学报(哲学社会科学版),2012(1):14－19.

务,不仅会因行政职数的限制而面临越来越多的困难,而且在对大学行政化批评甚嚣尘上的今天越来越不合时宜。而选择专业技术职务,当下也面临许多难以言说的尴尬。① 克服角色困惑的关键是确定适合辅导员发展的专业定位,只有不断推进辅导员专业化进程,才能真正保持辅导员队伍的稳定,实现辅导员队伍的专业化、专家化发展。

(三)职业认同是辅导员职业能力提升的重要基因

目前,我国高校没有面向普通高考学生的辅导员学科或专业,辅导员没有学科的支撑,辅导员专业化的内涵、概念等一些核心要素还未达成共识,但它正在发展成以思想政治教育理论为核心,以多门专业知识为基础的一个社会职业,作为一个职业岗位名称已见诸《中华人民共和国职业分类大典》。

1. 辅导员职业岗位是一个客观存在。从政治辅导员制度的建立到《普通高等学校辅导员队伍建设规定》的出台,从名不见经传的最基层政工干部发展到值得党和国家高度重视的职业群体,其典型代表全国优秀辅导员和全国辅导员年度人物得到国家领导人接见,辅导员名称、辅导员工作业绩、辅导员中的佼佼者都已经留在了共和国的史册上,这是历史的真实的存在。

2. 辅导员职业认同是职业素养的组成部分。辅导员职业认同本质上是辅导员对职业价值地位的态度与看法,是职业价值观的内化过程,是辅导员职业素养的重要组成部分,反映着辅导员的职业情感,体现着辅导员思想行为倾向、对职业兴趣的关切度。辅导员的职业认同度直接影响辅导员职业工作的积极性、创造性和工作实效。辅导员职业认同会因辅导员个体内在因素和外在环境的变化而变化,只有不断地提高辅导员的职业归属感、职业使命感、职业自豪感,增强职业自信,才能更好地营造职业凝聚力,克服职业倦怠,提升辅导员的职业能力与水平。

三、辅导员职业能力发展的知识基础

辅导员的职业能力发展是一个不断发展变化的过程,也是一个自身知

---

① 朱孔军,林伟庭.从两难选择到整合协调:辅导员队伍专业化建设的现实问题思考[J].思想教育研究,2008(7):52-54.

识不断积累、不断增值的过程。辅导员的专业化形成过程实质就是专业知识结构的不断完善以及把知识转化为能力的过程。张波认为,高校辅导员专业化的知识基础主要来源于辅导员自身的专业背景、教育管理对象、实践认知三个方面。① 只有具备扎实的专业知识基础,才能有效应对学生的多样化诉求,才能高效地完成岗位工作任务。

(一)辅导员专业知识结构的主要特征

1.辅导员专业知识的系统性与复合型。李莉、徐楠认为,现阶段高校辅导员角色的多重性决定了其职业能力应由复合型的知识结构、多方面的专业技能和良好的职业素养三方面共同构成,即系统的专业知识是辅导员职业能力发展的基础。② 杨建义认为,辅导员应具备的专业知识应包括本体性知识、条件性知识和发展性知识三个组成部分。③ 实际上,辅导员的知识结构中核心部分必然是思想政治教育理论知识,包括马克思主义理论知识、思想政治教育规律、学生成长成才规律,而管理学、心理学、教育学等方面的知识则是完成思想政治教育任务、达到理想育人成效所具备的条件性、工具性知识。因此,如前所述,辅导员的知识结构是以马克思主义理论为统领,以思想政治教育学为中心,包容哲学、教育学、心理学、社会学、政治学、管理学等学科知识的广博的科学知识系统,既有理论性、学术性知识,也有实践性、操作性知识,呈现着系统的、复合的、繁杂的学科知识体系。

2.辅导员专业知识的整合性与拓展性。知识的整合性与拓展性是信息时代对辅导员知识结构的必然要求。面对铺天盖地而来的知识信息,人们应接不暇。现代科学的研究证明,信息资源整合能力的高低,往往是衡量一位创造者水平高低的一个非常重要的标志。无论是个人还是组织,都需要将零散的知识组合起来,并积极地进行知识的拓展应用。

知识整合能力是一种知识的有机衔接、重组的能力,是合理运用已有的

---

① 张波.建构与整合:论高校辅导员专业化的知识基础[J].高校辅导员,2012(1):26-30.

② 李莉,徐楠.论高校辅导员的职业能力及其知识基础[J].西南交通大学学报(社会科学版),2014(4):94-99.

③ 杨建义.高校辅导员专业成长研究:基于思想政治教育学科的视野[M].北京:社会科学文献出版社,2014:44-45.

认知结构获取并应用个别知识的能力,是一种转化与重新组合知识的能力。拥有足够的整合能力,才能将不同行业领域、不同技术水平、不同文化氛围以及不同思想内涵的资源整合到一起,并使之发挥最大的作用。

受工作使命、工作职责的要求,辅导员必须具备知识整合能力,不仅要将思想政治教育学科知识实施有机的融合,还要实施跨学科知识的整合、理论知识与实践知识的整合,掌握结构化知识,拓展专业知识,构建合理的知识结构。

3. 辅导员专业知识的操作性与实用性。高校辅导员是大学生思想政治教育一线的工作者,其知识结构有别于其他专业之处就在于凸显专业知识的操作性与实用性。一个好的辅导员,不仅要掌握广博的理论知识,还要谙熟实用性、操作性知识。一般而言,辅导员要做到不辱使命,达到理实一体、知行合一的境界,必须做到理论知识实用化、技能知识实践化、经验知识操作化,即不仅要掌握为什么、是什么的知识,还要掌握怎么做的知识;不仅要把握"明确知识",还要真实掌握"默会知识"。辅导员能够具备较强的人际关系能力、组织协调能力、突发事件判断能力,关键一点就是基于对实践的深刻领悟和对操作性、实用性专业知识技能的娴熟。

(二)辅导员专业知识增长的充分条件

辅导员的专业化发展既奠基于内在的自觉探究,也源于外部的教育氛围。辅导员的职前教育、专业化培养培训以及职业群体的和谐共进为辅导员专业发展提供了充分条件。

1. 辅导员职前教育的扎实根基。目前,高校辅导员队伍建设的弊端之一是缺少职前教育。高校选聘辅导员的途径主要有优秀毕业生留用、公开招聘选拔、专业教师兼任、在读研究生兼任、高年级本科生兼任等方式。从辅导员专业化发展态势看,兼职模式已不可取,由在职研究生兼任更是缺少法理依据,以"专职为主"已成为主要趋势。辅导员专业化职业化发展,迫切要求加强辅导的职前教育,以克服辅导员职前教育不足、仓促上阵的弊端。当下要通过学校及社会中介组织定期举办高校辅导员职前培训活动,培训基本理论、基本技能、基本素养,加大辅导员的见习、研习和实习的时间和强度,使其尽早掌握实践导向更强的技能知识和入职工作信息,为入职教育及职后继续教育打下基础。

2.**辅导员专业培养培训系统化**。辅导员职业发展中之所以出现能力弱化、能力缺位和能力转移等现象,是因为缺少专业培训机制。有的高校辅导员工作五年以上,仍得不到参加省级以上培训的机会,说明辅导员全员培训、系统培训的部署还远未落到实处。从专业知识建构的角度说,迫切需要根据不同类型学校、不同境况辅导员的实际,开展系列化的不同形式、不同内容、不同层次的培训与发展指导,引导各层级辅导员快速稳健成长。辅导员需要从参加校本培训、省级培训、国家培训中获得新的知识与技能,需要在提高学历学位的追求中获得先进文化的慰藉。

3.**辅导员职场的学习氛围**。辅导员需要理论思想武装,需要在职场不断充电。除辅导员主动开展读书会、报告会、学习班等学习培训活动外,所在部门、单位都应以创建学习型组织为载体,营造浓郁的学习氛围。一般而言,办学层次越高的学校,其学习、研究的风气越浓厚。反之,办学层次越低的学校,辅导员就易被烦琐事务缠身。不同的工作生活及职场境遇影响并制约着辅导员的职业进取意识。辅导员需要坚定树立敢于开拓、勇于学习、勇于探索的坚强意志和信心。

(三)辅导员专业知识发展的自主建构

辅导员专业知识发展的过程就是辅导员自身认知结构改进和发展的过程,也是专业知识的生成过程。辅导员学习专业知识不是被动地接受,而是在现实的教育活动中靠自己主动去经历、体验、感悟和深化理解,是一个能动的自主建构过程。因此,影响辅导员专业知识增长的因素既在于外部环境,也在于辅导员内在的对知识结构进行自主建构的主观能动性。

1.**在知识上的自我探索与应对**。积极的自我探索愿望是辅导员进行知识自主建构的潜在力量。辅导员应具有自我探索的愿望,具有主动适应岗位需求、积极汲取专业知识的意识和精神。美国学者索尔蒂斯说:"心灵不是对自然的被动反映,而是人类采取赋予生活经验以意义和用处的方式积极解释和转变概念的能力。"[①]可以认为,在相同起点、相同境遇下,辅导员个体间专业知识的掌握与理解程度的差异,反映了辅导员个体对专业知识的探索欲望和应对态度,折射出不同辅导员职业价值观念和职业能力的差异。

---

① 多尔.后现代课程观[M].王红宇,译.北京:教育科学出版社,2000:原编者序.

2.在知识上的自我完善与整合。一个成功的辅导员,首先是一个善于自我更新、自我发展的学习者,是善于汲取当代最新研究成果的研究者、探索者。千变万化的教育情境,个性鲜明的教育对象的诉求,不断扩大的职业活动范围,要求辅导员不断完善自身的职业知能结构。从辅导员专业化职业化发展角度说,辅导员的专业发展是一个动态的变化过程,要使辅导员的态度、价值、信念、知识和技能与时俱进,不断地接受新的挑战与考验,辅导员也必须不断地充实自己,修正和调整知识结构,进行知识上的自我完善与整合。

3.在知识上的自主建构与生成。建构主义认为:知识是发展的,是内在建构的,是以社会和文化的方式为中介的。学习者在认识、解释、理解世界的过程中建构自己的知识,在人际互动中通过社会性的协商进行知识的社会建构。① 根据瑞士心理学家皮亚杰"认知图式"理论,发展是个体与环境不断相互作用的一种建构过程,其内部的心理结构是不断变化的,而所谓图式正是人们为了应付某一特定情境而产生的认知结构。辅导员的育人实践,实际也是一种经验转化过程,即将新获得的经验性知识融入自身的知识图景,经过理解、消化、过滤,而形成新的知识概念,将外在的经验转化为内在的领悟,通过实践丰富自身的认知图式。辅导员通过自我不断的理论反思和实践反思,通过与教育对象的不断沟通与交流,调整、更新知识并生成新的知识,在自我参考、自我反思的经验体悟中获得自我价值感和自我效能感。

四、辅导员职业能力发展的实践基础

大学生思想政治教育活动本身就是一种复杂的教育实践活动,辅导员职业能力的提高与教育实践密不可分。辅导员职业能力提高是一个持续不断的发展过程,是一个没有起点也没有终点的"正在进行时"。辅导员职业使命的需要、教育对象的诉求,要求辅导员深入理解新时期职业角色,在探索性、创造性育人实践中,不断完善职业素养,提高职业能力,在"育人"的同

① 钟启泉,高文,赵中建.多维视角下的教育理论与思潮[M].北京:教育科学出版社,2004:3.

时达到"育己",提高职业追求的高境界。

(一)辅导员职业使命的实践品性

高校思想政治教育的本质是培养人的社会实践活动,其社会价值意义在于培养社会发展需要的德才兼备的高素质人才,保证社会主义办学的正确方向;其个体发展价值在于通过价值引领、行为引导、终极关怀等方式提升人的生命境界,提高人的生命质量,树立正确的理想信念,形成健全的人格,丰富人的精神追求,使教育者与被教育者都在教育实践过程中得到发展与完善。

1. **辅导员工作的实践价值体现为对学生成长成才的关怀。**就思想政治教育的内容而言,无论是世界观、人生观、价值观教育,还是民族精神、时代精神教育,抑或是道德品质教育,实质都蕴含着生命的意义、生活的意义。教育学生正确地看待世情、国情、亲情、友情、爱情,引领学生养成健全的人格、树立健康的人生态度,帮助学生实现自由而全面的发展,实质就是对学生成长与发展的关怀。从一定意义上说,辅导员是学生全面发展的促进者,是学生成长的"人生导师",其职业存在主要意义不在于保姆式的生活服务,不在于繁杂的事务性工作,而在于基于日常思想政治教育任务的学生精神境界的引领、人生意义的叩寻与生命价值的高扬。辅导员工作在大学生思想政治教育第一线,最有可能深入学生的生活世界,最有机会发现学生的情绪情感变化和行为表现样态,因而能够有效地采取相应的教育措施。辅导员对学生的人文关怀,不仅是语言上的,还应该是发自内心的情感呼唤;不仅是道德教育的基本价值诉求,也应是道德实践过程的情感体验;不仅是暖人心脾的语言激励,也是尊重生活、尊重生命的"躬行践履"。因此,辅导员组织的每一次教育活动,其主旨都是出于对学生成长发展的关怀,都是促进学生发展、拨动学生心弦的社会实践。

2. **辅导员工作的实践价值体现为对生命意义的呵护。**辅导员关注学生日常生活,不仅要关注学习生活、文化生活,而且要关注精神生活。学生对生活意义的理解可能各不相同,但追求更有价值、更有意义的生活是学生发展追求的共同特征。鲁洁教授指出,道德教育的根本作为在于引导生活的建树①,其意也在强调道德教育对于人的生活追求、生命发展的意义。辅导

---

① 鲁洁. 道德教育的根本作为:引导生活的建构[J]. 教育研究,2010(6):3-8,29.

员依托党团学组织,努力促进学生的自我管理、自我发展与自我完善,其主旨也在于培养学生成为自觉的生活建构者,培养学生自觉、正确地理解与诠释生命的意义。辅导员对学生不良行为的矫正、对不端思想意识的告诫、对违法苗头的预警和干预,正是出于对学生健康成长的"保驾护航"、对人的生命意义的有效呵护。辅导员往往是在"看不见的战线"上行使实践育人的职能。

3. 辅导员工作的实践价值体现为健康人格的培育。辅导员是专门从事思想政治教育工作的,与其他专业课教师既有共性,又有鲜明的特性,是教育者与管理者的结合体。[①] 思想政治教育工作的实践就是铸造人格的大熔炉。辅导员的实践价值在于运用各种载体,通过具体实施理想信念教育、文明诚信教育、遵纪守法教育、成才报国教育以及各类主题教育,培育学生良好的人格修养和道德情操。辅导员的良好素养和人格力量会潜移默化地影响学生,如富有同情心的个性、与同事融洽地工作的风格、与学生家长有效合作的品格、解决问题的睿智、求真求善求美的思想境界等,都会促进学生产生对美好生活的向往和对美好人生的追求,激发学生对真善美的人生追求,唤起学生对人类智慧的尊重和渴求。辅导员的工作实践及其素养和能力的发挥,实际就是用自己的高尚品德熏陶感染学生的思想品德,用自己的智慧启迪学生的智慧,用自己的情感激发学生的情感,用自己的意志调节学生的意志,用自己的个性影响学生的个性,用自己的心灵呼应学生的心灵,用自己的灵魂塑造学生的灵魂,用自己的人格塑造学生的人格。[②]

(二)辅导员职业能力的实践磨炼

辅导员职业能力发展离不开鲜活的思想政治教育实践。实践是辅导员能力形成与发展的沃土。纸上得来终觉浅,绝知此事要躬行。从书本上得来的知识毕竟是不够完善的,如果想要深入理解其中的道理,必须要亲自实践才行。辅导员的职业技能提升也必须付诸实践,思想观念在实践领悟中得以转变,职业素养与职业能力在实践的历练中得以升华。

---

① 虞晓东,李建伟,胡凌燕,等.辅导员专业化发展的质性研究[J].山东省青年管理干部学院学报:青年工作论坛,2010(1):79-81.

② 叶澜,白益民,王枬,等.教师角色与教师发展新探[M].北京:教育科学出版社,2001:73.

1. **辅导员职业能力在生命的互动中得以提升**。辅导员职业以辅导员与工作对象协调发展和共同进步为目标,辅导员职业活动不是单向的知识传递和价值传输的过程,而是辅导员与其工作对象在实践中实现生命与生命的互动和共生的过程。① 传统的单方向规训的教育方式已不再适用,只有融洽平等的师生关系,才能给学生个性发展营造良好的环境和氛围;只有与学生进行多向的思想交流和真诚的对话,才能增进彼此的了解与沟通。辅导员与学生的交流交往与思维碰撞,本质上就是生命与生命的互动。正是这种互动锻炼着辅导员的能力,推动着辅导员职业能力的升华。

2. **辅导员职业能力在真实的情境中得以磨炼**。世事洞明皆学问,人情练达即文章。处处都有学问,把人情世故摸透了就是学问。每个人在为人处事上都有自己的行为规范和道德标准,但要做到练达,即干练和豁达则需要下很多的磨炼功夫。人生导师的意义,在于价值引领、思想熏陶、行为引导,动之以情,晓之以理,导之以行。辅导员要使自身的思想政治教育能力得到发展,必须增长人生阅历,主动接受社会环境的熏陶,在行动中研究,在研究中行动;在实践中研究,在研究中实践。辅导员需要提高危机事件的处理能力,但危机事件的处理能力不是凭空而来的,不是仅凭书本知识就能完全形成的。处事波澜不惊、冷静应对,首先需要的是定力,就是不太能被外界干扰的克制力;其次是自控力,不受诱惑的困扰,不受情绪的左右。辅导员的自信与沉稳本身就是一种示范、一种力量陶冶。遇事睿智判断、择善而从、冷静处理,考核的就是临场应变能力、问题解决能力。实践出真知,实践出智慧。辅导员职业能力的磨炼与提升需要付诸实践,只有真实的情境、真实的场景才能更好地培养与锻炼辅导员的职业能力。

(三)辅导员职业能力的实践反思

优秀辅导员所具有的高超技艺及对事物的独特见解,往往得益于实践反思与实践领悟。辅导员能力的发展必须根植于对自身职业观念、职业行为的反思,勇于剖析自己的工作实践,在实践反思中增强对职业角色的重新认知,冷静认识和判断自身职业能力发展的优势与不足,并进而探寻能力发展的新路径。

---

① 李忠军.高校辅导员职业特性分析[J].高校辅导员,2010(4):10-14.

1.**辅导员实践反思的独特意义**。中外不少教育家普遍认为,教师的成长等于经验加反思。某学者认为:"专业人员必须培养从经验中学习和对自己的实践加以思考的能力。"辅导员的实践反思,就是对自己的历程与结果进行重新审视并做出价值判断。通过反思自身的职业行为,总结教育过程中的经验与教训,发现其中的问题及症结,积极寻找新思想与新策略来解决面临的问题。因此,辅导员的实践反思过程,既是辅导员专业能力不断提升的过程,也是辅导员综合能力、研究能力不断发展的过程。

2.**辅导员实践反思的主要内涵**。第一,辅导员实践反思是自我认识的重建。辅导员能否坚持实践反思,反映了辅导员自我意识觉醒程度的高低。辅导员应自觉地、积极地、经常地反躬自问,自我剖析,自我检查,才能推进自身职业能力发展与完善。第二,辅导员实践反思是搭建职业成功道路上的桥梁。辅导员在实践中,通过反思领悟理论的魅力、领悟教育的真谛、领悟"学无止境"的含义,深化对现实问题的认识,把所学和运用相结合,为学生发展"导航",帮助学生成人、成才、成功,真正充当学生发展的促进者。第三,通过实践反思,突破职业能力发展的障碍。通过行为反思、及时性反思、阶段性反思和系统性反思,清晰认识实施思想政治教育的过程及其实践功效,不断克服能力发展上的观念障碍、思维障碍、心理障碍,破解职业发展道路上的难题,把握思想政治教育规律,把自己的实践经验上升到理性的高度,进而使自己发展成为专家型辅导员。

第五章 高校辅导员职业能力现状与时代挑战

中国社会经济、政治的发展,中国高等教育改革与发展,大学生成长成才环境的复杂性变化,对高校辅导员的专业素养和职业能力提出了新的要求。在新的时代背景下,认真剖析审视辅导员的职业能力发展现状,归纳总结辅导员职业能力发展的基本样态、存在的主要问题及其背后的动因,分析时代给予的机遇与挑战,对于探索辅导员能力发展与建设的实践路径、提高思想政治教育的功效,具有十分重要的意义。

一、辅导员职业能力发展已有成效

改革开放以来,党和政府制定了一系列政策与措施加强高校辅导员队伍建设,辅导员职业能力建设取得了明显的成效。在党的领导下,广大辅导员勤奋工作,默默奉献,为培养社会主义合格建设者和可靠接班人、维护高校和社会稳定、促进高等教育的改革与发展做出了重要的贡献。

(一)辅导员队伍建设的国家部署

进入 21 世纪以来,伴随我国政治、经济和教育改革的日益深化,大学生思想政治教育工作面临着许多新问题和新挑战。党中央、国务院高度重视辅导员队伍建设工作,为此出台了一系列政策。2004 年 10 月,中共中央、国务院颁发了《中共中央 国务院关于进一步加强和改进大学生思想政治教育的意见》,明确指出:"辅导员、班主任是大学生思想政治教育的骨干力量。""要采取有力措施,着力建设一支高水平的辅导员、班主任队伍。"

教育部把高校辅导员队伍建设作为推进大学生思想政治教育的根本,放在落实大学生思想政治教育各项任务的前列,积极采取有力措施切实加以推动。2005 年,教育部出台了《教育部关于加强高等学校辅导员、班主任队伍建设的意见》,就辅导员、班主任队伍建设的重要意义,辅导员、班主任的选聘配备以及加强培养培训、提供政策保障等方面提出了明确的意见。

2006 年 4 月,教育部在上海召开了全国高校辅导员队伍建设工作会议,交流总结辅导员队伍建设经验,深入分析和研究了高校辅导员队伍建设中存在的问题。会议指出要从统一思想,健全制度,明确政策,开拓创新,坚持全员育人、全过程育人、全方位育人等五个方面加强辅导员队伍建设。教育部还先后发布了《2006—2010年普通高等学校辅导员培训计划》《普通高等学校辅导员培训规划(2013—2017年)》等政策性文件,从思想认识、体制机制、明确政策和培养人才等方面制定了一系列措施,深入推动和加强辅导员队伍建设。

2014年,教育部颁布了《高等学校辅导员职业能力标准(暂行)》,从职业功能、工作内容、相关理论和知识要求等方面构建了高校辅导员队伍能力标准体系。

2016年全国高校思想政治工作会议上,习近平总书记发表重要讲话,对在青年学生成长成才过程中发挥重要作用的辅导员队伍提出了新的要求。同时,中共中央、国务院印发《关于加强和改进新形势下高校思想政治工作的意见》,对加强包括辅导员队伍在内的高校思想政治工作队伍建设做出了新的部署。

2017年,为深入贯彻落实习近平总书记系列重要讲话精神和中央系列决策部署,进一步加强高校辅导员队伍建设,提升高校辅导员队伍专业水平和职业能力,教育部颁布了第43号令(《普通高等学校辅导员队伍建设规定》),以行政规章的形式规定了辅导员队伍建设的方针原则。该《规定》丰富和发展了高校辅导员的工作职责,形成了包括思想理论教育和价值引领、党团和班级建设、学风建设、学生日常事务管理、心理健康教育与咨询工作、网络思想政治教育、校园危机事件应对、职业规划与就业创业指导、理论和实践研究等9个方面的工作内容体系,特别强调高校辅导员要在思想理论教育和价值引领方面发挥重要作用。

近年来,国家在高校辅导员队伍建设上的系列举措和重要制度安排,充分体现了党和国家对高校辅导员队伍建设的高度重视。

(二)辅导员专业化发展有序行进

辅导员专业化职业化建设是辅导员职业能力健康发展的前提和保障,辅导员专业化建设的过程也是辅导员职业能力发展的过程。我们要通过学科专业化、岗位专门化以及专业化培训等方式加快辅导员队伍的专业化进程,推动辅导员职业能力的稳定发展。

1.**学科专业化**。1984 年,教育部决定在部分高等学校设置思想政治教育专业,采取正规化的方法培养大专生、本科生和第二学士等各种规格的思想政治工作专门人才,由此,学科专业化开始正式启动。1990 年,国家教委明确提出:"今后本科院校任命思想政治教育的系、处级以上领导干部,要逐步把取得思想政治教育专业第二学士学位或硕士学位,或经过省级以上党校等正规培训作为必要条件。专科院校年轻的思想政治工作骨干也应当经过思想政治教育专业培训。"①辅导员的专业学科属性由此逐步清晰。

2004 年后,教育部加快了辅导员学历学位提升步伐。按照《2006—2010年普通高等学校辅导员培训计划》,5 年内分批选拔 5000 名优秀辅导员攻读思想政治教育专业硕士学位,分批选拔 500 名优秀辅导员定向攻读思想政治教育专业博士学位。2006 年,教育部委托 34 所具有思想政治教育博士点的高校招收了首批 1000 余名辅导员攻读硕士学位。有关资料显示,通过实施鼓励辅导员攻读硕士、博士专项计划,截至 2013 年 5 月,专职辅导队伍中具有硕士以上学位的比例已达到40%。②

2.**岗位专门化**。1995 年,国家教委颁布的《中国普通高等学校德育大纲(试行)》提出,"学校应当采取有效措施切实加强这支队伍建设,努力培养和造就一批思想政治教育的专家和教授",并要求"专职政工人员与学生的比例大体掌握在 1∶(120—150)。规模较小的学校应视情况酌情提高比例"。③ 值得注意的是,此时"政治辅导员"改称"专职政工人员"。

2000 年,教育部党组《关于进一步加强高等学校学生思想政治工作队伍建设的若干意见》指出:"专职学生思想政治工作人员系学校专职从事和负责学生思想政治教育工作人员,包括学校分管学生思想政治教育工作的党委副书记,学生工作部(处)从事学生思想政治教育工作的人员,院(系)党总

---

① 教育部思想政治工作司.加强和改进大学生思想政治教育重要文献选编(1978—2014)[M].北京:知识产权出版社,2015.

② 中共教育部党组.教育部党组关于印发《普通高等学校辅导员培训规划(2013—2017 年)》的通知[Z].2013 – 05 – 03.

③ 教育部思想政治工作司.加强和改进大学生思想政治教育重要文献选编(1978—2014)[M].北京:知识产权出版社,2015:216 – 224.

支负责学生思想政治教育工作的副书记、团总支书记,学生政治辅导员等。"此文明确划分了哪些人属于"学生专职政工人员",将政治辅导员划入"专职学生思想政治工作人员"范畴,将专职学生思想政治工作人员区分为"从事"和"负责"两个部分。

2005 年《教育部关于加强高等学校辅导员、班主任队伍建设的意见》提出:"专职辅导员"总体上按 1∶200 的比例配备,保证每个院(系)的每个年级都有一定数量的专职辅导员。此文中的"专职辅导员"指"一线专职辅导员",并未包括负责学生思想政治教育工作的相关干部。

2006 年教育部第一次颁布的《普通高校辅导员队伍建设规定》提出:"要按师生比不低于 1∶200 的比例设置本、专科一线专职辅导员岗位。""每个院(系)的每个年级应当设专职辅导员。"按照 2011 年《教育部办公厅关于开展普通高等学校辅导员队伍建设情况自查工作的通知》,一线专职辅导员不含院(系)学工组长、团总支书记、党总支副书记等。而专职辅导员包括院(系)学工组长、团总支书记、党总支副书记等副处级以下从事学生工作的人员。此文关于专职辅导员的含义有些令人费解。第一,按该文对"专职辅导员"定义的解释:"专职辅导员是指一线从事大学生日常思想政治教育工作的人员,包括院(系)学工组长、团总支书记、党总支副书记等副处级以下从事学生工作的人员",但"一线专职辅导员"却"不含院(系)学工组长、团总支书记、党总支副书记等";师生比 1∶200 的配备中到底包括哪些人,并未明确。第二,"副处级以下从事学生工作的人员"是否都是专职辅导员,是否学生处的全体人员都等于专职辅导员,如果是,怎样区分专职辅导员岗位与行政职员岗位存在的意义与差别? 显然,关于学生思想政治教育工作和学生工作,两者在概念上、范围上以及具体工作职责等方面的差异尚有待深入讨论和论证。

2017 年,教育部重新修订了《普通高校辅导员队伍建设规定》,对辅导员职业地位进行了新的表述,重新规定了辅导员的使命、职责、素质与能力等方面的要求,并对专职辅导员的概念进行了新的规范化表述。该《规定》中的辅导员定义,包含以下意义:

第一,"大学生日常思想政治教育工作"不仅是一种岗位的概念,也是一组岗位群的概念。从事大学生日常思想政治教育工作的人员,不是过去单一的特指的那种辅导员,而是指凡是专职从事大学生日常思想政治教育工作的人员,包括:一线辅导员、院(系)党委副书记、学工组长、团委书记等。

第二,"大学生日常思想政治教育工作"的岗位设在院(系),不包括校级相关职能部门,当然也就不包括校学生工作部(处)从事学生思想政治教育的人员。将思想政治教育岗位职能与纯行政意义上的管理岗位职能区分开来,有利于辅导员以思想政治教育为己任的专业化发展。

第三,以院(系)为单位,形成大学生日常思想政治教育辅导员工作共同体,有利于打破过去辅导员事无巨细、单兵作战、多线出击、疲于奔命的窘境,为在院(系)范围内建立统一领导、科学规划、分工协作、协同作战的学生日常思想政治教育的新局面开辟了新通道,在一定程度上消除了行政与业务混淆、校级行政部门过于干预基层思想政治工作的弊端。

第四,指出了辅导员的工作使命、职责范畴与职业发展前景,有利于促进辅导员树立新的职业角色形象和提高职业能力。就辅导员职责范围而言,该《规定》与"标准"并无太大差别,但工作职责的边界明显有所收缩,如帮助学生树立正确的就业观念、引导学生到祖国需要的地方去等内容,就是从思想政治教育角度出发,而不是从事务管理的角度出发,这在客观上有利于减轻辅导员的学生事务工作负担,也便于今后进一步明晰辅导员的工作职责。

3. 培训体系化。按照国家关于辅导员队伍建设的目标,到 2017 年,基本形成了适应高等教育发展需要、符合辅导员成长成才规律、规范科学的培训机制,基本构建起内容完善、形式多样、科学合理的培训体系,为全面提高辅导员队伍服务高等教育质量和提升高校学生全面发展的能力奠定了坚实的基础。

从 2005 年开始,教育部连续 12 年举办全国高校辅导员骨干培训班,截至 2017 年 10 月共举办辅导员骨干培训班 196 期,培训专职辅导员 1 万人以上。据初步统计,仅 2016 年,教育部就举办了 36 期全国高校辅导员骨干培训班,培训辅导员骨干 4050 人次。①

---

① 本书所列数据依据教育部思政司相关文件和相关报道信息综合而成,或与实际数据略有出入。目前尚未查阅到有关 196 期骨干培训班的详细统计资料。

2007 年,教育部公布了首批 21 个高校辅导员培训和研修基地,搭建起辅导员培养培训新的平台。依托高校辅导员培训研修基地和有关高校,教育部每年举办全国高校辅导员示范培训班。从 2008 年开始,辅导员培训基地开展辅导员骨干攻读思想政治教育专业博士学位工作,每年 100 人。①

2013 年,教育部印发《普通高等学校辅导员培训规划(2013—2017年)》,规定了培训内容,并从思想政治教育、专业素养提升和职业能力培养三个方面进行阐述,同时强调了培训的质量监控。

2014 年,为进一步提升高校辅导员队伍专业水平和工作能力,教育部开始实施"高校辅导员访问学者计划",每年选派 30 名左右(2016 年确定的名额为 30 人)高校辅导员骨干作为国内访问学者,赴部分教育部高校辅导员培训研修基地、全国高校辅导员发展研究中心,进行为期 3—6 个月的访学研修,为各选送高校培养专业化研究型辅导员骨干。

(三)辅导员职业化内容不断丰富

1. 辅导员管理的新变化。国家进一步健全和完善了辅导员队伍建设的领导和管理体制,对辅导员实行学校和院(系)双重管理,给予专职辅导员"双线晋升"的倾斜政策,既可以按照辅导员职称评审标准评聘思想政治教育学科或其他相关学科的专业技术职务,也可以根据辅导员工作年限和实际表现晋升相应的职务待遇,推动辅导员队伍专业化职业化建设。

从 2004 年中央 16 号文件颁布到 2017 年教育部新《规定》的出台,辅导员专业化职业化出现了新的发展态势。各地积极响应中央号召,纷纷出台相应的地方措施,如北京通过高校辅导员持证上岗、高校辅导员职称单独评审、高校辅导员名师工程等政策措施稳定辅导员队伍,增强高校辅导员在培育大学生健康成长中的作用。很多高校为辅导员提供了多个出口:对外经贸大学、北京外国语大学等学校规定辅导员工作到一定年限可以转为专业教师;东北师范大学、湖南城市学院为辅导员提供了 3—6—9 或 2—4—8(2年副科、4 年正科、8 年副处)的晋升模式;复旦大学将辅导员纳入学校的人才工程预备队,为辅导员的专业化发展方向提供了平台。各地各高校不断加强辅导员激励机制建设,不断完善辅导员队伍的选聘机制、管理机制、培

---

① 首批高校辅导员培训基地确定[N].中国教育报,2007 - 09 - 30.

养机制和发展机制,鼓励和支持专职辅导员长期从事辅导员工作,成为思想政治教育工作方面的专业人才。

2. 建立辅导员专业研究组织。在教育部的推动下,2008 年建立了全国高校辅导员工作研究会,随后各地纷纷成立了辅导员研究会。在各级教育行政部门的指导下,各级高校辅导员工作研究会在推进辅导员国内高校交流活动,组织开展高校辅导员职业能力建设示范培训班、高校辅导员职业能力大赛、辅导员年度人物评奖等活动中发挥了重要作用。

3. 推进辅导员专家化,提升学术素养。教育部启动了全国人文社会科学研究课题辅导员专项课题、全国思想政治教育研究文库、全国高校中青年思想政治教育百人工程计划、思想政治教育中青年杰出人才支持计划,以及实施高校辅导员工作精品项目,鼓励支持辅导员开展理论和实践研究;每年选派 30 名左右辅导员骨干赴英国参加为期 3 个月的专题研修,帮助辅导员开阔视野。

4. 安排辅导员去基层锻炼,提高实践能力。为推进高校完成实践育人的使命,培养辅导员到艰苦地方砥砺品质、锻炼作风、增长才干,2013 年,教育部办公厅印发《教育部办公厅关于加强高校辅导员基层实践锻炼的通知》①,组织辅导员去基层锻炼,选派辅导员参加志愿服务西部计划和援藏援疆援青干部人才计划,为将辅导员培养成专家化、学者型的“思想者”和能力强、业务精的思想政治“工作者”,实现辅导员的专业化发展开辟了新的道路。

5. 大力提升辅导员的职业认同感。2008 年,全国高校辅导员年度人物评选正式启动。2013 年 5 月 4 日,习近平总书记亲切接见了第五届全国辅导员年度人物。教育部在全国优秀教师评选中单列指标表彰高校优秀辅导员,发掘、培育优秀典型;组织开展“立德树人——高校辅导员先进事迹报告团”巡讲活动,发挥先进典型的示范引领作用,加强辅导员职业内涵挖掘与职业理想塑造。2012 年凝练并发布了辅导员誓词,弘扬辅导员价值追求,通过宣传扩大社会正面舆论影响力提升辅导员队伍的社会认同度和职业认

---

① 教育部办公厅. 教育部办公厅关于加强高校辅导员基层实践锻炼的通知[Z].
2013－12－17.

同感。

(四)辅导员职业能力发展的成绩

1. 辅导员队伍不断壮大。有关资料显示,2004 年专职辅导员有 4 万多人,2006 年这一数字达到 6.9 万人,2014 年达到 12.7 万人,2016 年增长到 13.3 万人。依据《全国教育事业发展统计公报》中的全日制本、专科在校生平均规模和普通高校数量,按照 1∶200 的辅导员设置比例计算,专职辅导员的数量目前已基本与高校的办学发展规模相适应,专职人员配备已基本达到国家要求,高校辅导员队伍年龄结构、学历结构、知识结构不断优化,专职为主、专兼结合的辅导员队伍结构已基本形成。①

2. 辅导员能力大幅提高。通过各级各校组织的辅导员培训、辅导员技能大赛、辅导员年度人物评选、辅导员论文评选等方式有力地提升了辅导员队伍整体素养和专业能力,辅导员的工作水平及各项职业能力都有了显著提高。辅导员积极参与各级各类职业能力竞赛的过程,就是辅导员依据职业能力标准进行自我提高的过程,通过参加技能训练和比赛、年度人物评选和科研立项,提升专业素养,努力创造工作业绩,把辛苦转化为成果,把经验上升为科学,扎实提高了职业能力。辅导员在高校改革发展、维护稳定的进程中,在学生思想教育和人才培养领域,彰显出了自己的价值和作用。在新闻媒介、校园网络中亮相的高校辅导员年度人物、职业技能大赛获奖者就是新时代 13 万多名高校专职辅导员中的典型代表,体现了新时期专职辅导员持续发展、昂扬向上、敬业奉献、引领价值、开拓进取的职业追求。

3. 辅导员职业认同不断增强。辅导员的职业发展需要达到自我认同、学生认同、教师认同和社会认同。认同就是满意度。通过培训、激励、考核等措施,许多辅导员增进了对职业工作的新认识,工作的积极性大幅提高,工作成就得到了学生、单位和社会的认可。2017 年,教育部思政司组织开展了"学习宣传贯彻党的十九大精神——千名高校优秀辅导员'校园巡讲'和'网络巡礼'活动"(以下简称"双巡"活动)。"双巡"活动充分发挥了优秀辅导员的示范引领作用,形成全国高校辅导员学习宣传贯彻十九大精神的特

---

① 冯刚.高校辅导员队伍专业化、职业化建设的发展路径:《普通高等学校辅导员队伍建设规定》颁布十年的回顾与展望[J].思想理论教育,2016(11):4-9.

色,强化思想教育和价值引领,促进学以致用、用以促学、教学相长,客观上有力地彰显了辅导员的职业新形象、新作为。

4. 辅导员职业群体的积极作为。进入21世纪以来,大学生的思想观念、价值观念以及社会行为方式都在发生着前所未有的深刻变化,传统的价值观念、集体主义观念、道德行为及纪律观念正面临新的挑战。网络信息技术的快速发展,在拓展了思想政治教育渠道和空间的同时,也给高校思想政治教育工作带来了新的困惑,网络信息的快捷性、即时性、虚拟性、娱乐性、丰富性挑战着传统思想政治教育的内容、方式与载体,无时不在、无时不有的新的技术生活方式对高校思想政治教育提出了新的要求。

另一方面,高校招生规模持续扩大给思想政治教育及辅导员职业能力发展带来了无法避免的现实境遇:一是高校扩招所带来的生源的复杂性和学生需求的多样性,给高校辅导员带来了新的工作重负和前所未有的压力;二是高校扩招及教育改革包括招生制度、就业制度、学分制改革,后勤社会化改革等使得学生思想政治教育中出现了新情况、新问题,要求辅导员转换思维模式、观念模式、工作模式和职业行为模式;三是在世纪之初精英教育向大众化教育急剧转轨过程中所带来的高校办学条件与学生素养发展需求严重不匹配的现实矛盾。有资料显示,1998年我国全日制高等学校招生规模是108万人。到2006年,招生规模已达540万人,在8年内招生人数增长了4倍。高等教育的毛入学率已经达到22%,进入了国际公认的高等教育大众化发展阶段。[①] 扩招后,一些高校由于师资水平和办学条件的严重落后,造成专业教师照本宣科、校园文化生活枯燥无趣等现象,不仅严重影响了学生的发展需求,也在某种程度上消解了思想政治教育的应有功效。这些现实境遇构成了辅导员职业能力多向拓展的社会根源。

对于辅导员因工作境遇的变化而导致的角色变化,杨建义在《高校辅导员专业成长研究》一书中曾进行过深入的分析。他认为:"高等教育大规模扩招,造成了经济成分多样化、组织形式多样化、就业方式多样化、利益关系和分配方式的多样化,高校辅导员在完成繁重的思想政治工作的同时,也不

---

① 李卫红. 抓住根本,立德树人,切实把高校辅导员队伍建设提高到一个新的水平[J]. 思想理论教育导刊,2007(11):11-15.

得不承担许多诸如帮困工作、心理辅导、学习指导、就业指导等事务性工作,辅导员的角色已经由单一的思想政治教育向学生事务发展。"实际上,辅导员多重角色和职业能力的多向拓展既与学校内部相关机构职责和管理机制的不健全密切相关,也与社会各方的期待息息相关。"凡是与学生扯上关系的事情都是辅导员的事",反映的不仅是辅导员职责不清,也意味着相关职能机构职责的模糊。对辅导员的期待,不仅有来自学生发展的期待,也有来自校内外的其他各种期待:党建、团委部门希望辅导员更多承担起建设院(系)学生骨干的培养工作;学生工作部门更希望辅导员在社区服务、就业指导中发挥上传下达的桥梁作用;任课老师则希望辅导员能以"配合教学工作、保证学生的出勤率、提高大学生的文化课成绩"为中心;学生家长更是想当然地认为学生的一切事务应由辅导员负责。[①] 依事实推论,上述现象发生的时间节点应在扩招的初期,某些期待甚至延续至今,它反映了在职业角色模糊不清、职业能力发展方向不明的社会历史条件下辅导员工作的重负与艰难,并从侧面揭示了辅导员职业群体正以不同形式的育人实践推进着大学生思想政治教育工作的开展。

值得称赞的是,进入 21 世纪以来,辅导员群体以大无畏的工作精神和"燃烧自己照亮别人"的甘于奉献的品格挑起了教育学生、管理学生和服务学生的工作重担,不少辅导员在缺少激励机制的情况下,仍以锲而不舍的精神探寻教育的真谛,在育人的实践中不断增长职业能力,在开展大学生思想政治教育、引导大学生健康成长、推进高等教育改革发展等方面发挥了积极的、不可替代的重要作用。有人说,"最艰苦的胜利就是对付消极观念所取得的胜利",许多辅导员取得成功的重要因素之一就是坚定不移的信念。毫无疑问,辅导员队伍整体的高品质的精神境界是推动辅导员职业能力不断发展完善的根本动力。

2004 年《中共中央 国务院关于进一步加强和改进大学生思想政治教育的意见》颁布后,辅导员在高校成为备受关注的群体。在中央领导和各有

---

① 戴锐,肖楚杰. 职业社会学视角下高校辅导员的角色再定位研究[J]. 思想政治教育研究,2006(4):105 – 112.

关部门的重视下,辅导员队伍建设得到进一步加强。各地各高校积极探索和制定相关配套政策,积极推进辅导员队伍建设的快速发展,辅导员职业能力呈现出持续加强改进、不断向上向好的态势。

二、辅导员职业能力发展的现存问题

我国经济和社会的发展,高等教育改革的行进,培养社会主义建设者和接班人的历史重任,要求辅导员不断提高职业能力。在当下,高校辅导员能力建设取得了显著成效,但从整体上看,辅导员职业能力还不能完全适应时代发展的需要,辅导员职业能力发展仍存在一些不容忽视的亟待提高和完善的问题,这是考察辅导员能力发展现状时必须关注的问题。许多学者结合时代的要求,对辅导员职业能力发展的现状进行了多角度的分析。结合学界的研究情况,本书重点从知识自我更新能力、专业能力、科研能力等方面阐述辅导员职业能力发展中存在的问题。

(一)知识自我更新和建构能力不足

2017 年教育部令第 43 号明确提出辅导员的基本条件之一是具备较强的宽口径的知识储备。辅导员知识体系是一个开放的体系,需要不断地推陈出新。网络信息的无处不在、无时不有,知识更新周期的成倍缩短,给人们造成了新的知识危机和知识恐慌,并进而造成了本领危机。高校教育改革的快速行进、教育对象获取知识方式与途径的变化,要求辅导员不断地更新知识,不断刷新知识结构。然而,有部分辅导员知识结构陈旧,知识更新意识不强,难以适应新时代高校立德树人的根本要求。据韩泽春调查,"目前辅导员队伍普遍在知识的掌握和运用方面,存在着知识掌握不全面、不系统,知识更新不及时,知识应用不得力、效果不明显的问题",比如,能将法律法规相关内容完整掌握到位的占比不到22.36%。[①] 知识学习的能力是知识经济时代对每一个人提出的生存和发展的能力与素质要求,辅导员不仅要掌握大量的专业知识,形成符合职业价值取向要求的专业知识素质结构,还

---

① 韩泽春.基于高校辅导员专业化的教育知识管理研究[D].长春:东北师范大学博士学位论文,2015:58.

要学会在日常工作言行举止中渗透人生经验、育人智慧,教化人于无形之中。辅导员自身只有形成终身学习、自我更新、追求自我超越的意识,才能具备良好的专业素质和育人能力。知识更新能力不足,反映了辅导员自我学习能力较弱。辅导员职业能力提升最基础、最关键、最持久的因素是学习。一些辅导员缺乏高涨的学习热情和良好的学习状态,整天忙于事务工作,缺乏抽时间、挤时间、抢时间认真学习的良好习惯,必然造成知识结构以及能力结构的缺陷。由于学习能力不高、进取意识不强,部分辅导员不能及时更新知识;不能根据不断变化的工作需要及时调整知识结构,建构新的知识体系。知识更新能力的弱化,在实践层面往往体现为思维境界狭隘、理论穿透能力弱、教育观念落后,必然造成辅导员专业能力的停滞不前。

(二)可持续发展的专业能力有欠缺

辅导员工作的主要内容是思想政治教育,其专业方向和学科依据应为思想政治教育。由于受诸多因素的影响,部分辅导员可持续发展的专业能力有所欠缺,主要表现为以下 4 个方面。

1.部分辅导员专业发展的后劲不足。辅导员工作内容的宽泛性、专业知识的广博性、专业理论与专业实践联系的紧密性,要求辅导员具备较高的专业素质、多学科的知识背景以及综合性的专业能力。辅导员既要有扎实的思想政治教育理论以及理论说服与思想引导能力,还要有组织开展教育实践活动所需的组织实施与管理能力;既要对日常思想政治教育工作负责,也要对学生的优良道德品质培养以及学生全面发展负责。但在教育实践中,由于学科背景的不统一、入职门槛要求的不严谨,造成了部分辅导员专业理论功底的薄弱,有相当一部分人没有系统掌握思想政治教育理论,不具备较为扎实的思想理论修养,缺乏教育理论的统摄力、教育经验的总结力以及教育实践过程的驾驭力,造成了专业能力发展的后劲不足。

2.繁杂的学生事务阻碍了部分辅导员的专业进取。一些辅导员整日忙于学生事务,许多宝贵的时间被繁杂的事务工作取代,疏于对思想政治教育理论的钻研和探讨。由于工作职责缺少更具体的界定、工作权限不明晰、为学生发展服务的具体项目不精准、缺乏细致的精确的分工,辅导员的许多工作实际上已经偏离了应有的职责范畴,体现不出应有的专业能力的发挥。

如李英依据相应调查认为,辅导员工作职责、权限不明确,职能边界模糊,事务性工作较多影响了辅导员工作职责的履行和职业能力的发挥。① 尽管国家相关文件已经从整体上划定了辅导员职业能力的基本边界,但在具体实施层面,辅导员的具体责权仍有待深入探讨。虽然思想政治教育工作的特殊性使得许多工作无法精确化和量化,但有些职责仍须明确和具体,如哪些直接负责,哪些间接负责,只有明确责权,科学区分责任和义务,才能有效促进辅导员专业能力的提升。

3. 有些辅导员教育引导学生的能力有待提升。发现和解决实际问题的能力是辅导员应当具备的专业能力,但有些辅导员解决实际问题的能力与工作要求不匹配、不适应,如个别辅导员了解学生的能力较弱,缺乏对学生发展现状的整体把握和对问题学生生活境遇与心理问题的细致了解,缺少解决具体问题的实践技能。一些辅导员缺乏对思想政治教育与管理工作关系的深层理解和领悟,缺少对思想政治教育的工作体系和不同时段、不同节点价值引领侧重点的把握,与"观念要有新思维,理论要有新发展,模式要有新突破"的价值期待存在一定的距离,需要努力提升引领学生发展的能力与素养。

4. 一些辅导员专业能力发展的方向不够明确,专业综合能力相对薄弱。要想辅导员的工作得到理想的认可,辅导员职业得到社会的认同,关键因素之一是职业能力的内涵层次以及专业能力、职业核心能力的不可替代性。史仁民在分析辅导员专业发展问题时尖锐指出:"我国高校辅导员基本都是靠经验惯性地听从学生工作管理部门的指挥调遣,日常工作中也处于出现什么问题再解决什么问题的如保姆、灭火队员一般的角色,极少有针对性地进行学习、研究。'术业不专',工作的实效性、科学性不足也就是理所当然的事情了。"② 只有表现出职业能力的关键内涵以及专业能力的特殊地位,才能证明:不是谁都可以担任辅导员的。一些辅导员因为繁杂的事务管理,忽略了专业能力的自我提升,尤其是忽视了思想政治教育能力的整体提升,忽

---

① 李英.基于学生视角的高校辅导员职业能力现状调查研究[J].高校辅导员,2012
(1):63 – 67,77.

② 史仁民.高校辅导员专业发展研究[D].大连:辽宁师范大学博士学位论文,2014:
37.

略了别人难以企及的思想理论教育与价值引领能力的高扬。有些辅导员人际关系协调能力差、政治敏锐性不高、政治关注力不够、专业理论水平较低，实质也反映了辅导员对提升综合能力重要性的认识不足。辅导员可以发展成职业规划师、创业指导师、心理咨询师，但政治方向引导能力、思想价值引领能力、思想品德培育能力以及研究能力和创新能力、自我学习与自我完善能力必须达到应有的高度。

(三)教育科研意识不强且能力薄弱

辅导员科研能力不仅关系到辅导员自身职业能力水平的高低，也直接关系到思想政治教育的质量与效益。受学科背景复杂、专业相关度不高、专业基础相对薄弱、科研氛围不浓、科研指导欠缺、科研动力不足等因素影响，一些辅导员科研意识不强，主动性不够，缺乏自我提升科研能力的主动性；一些辅导员的科研能力相对薄弱，科研层次不高，缺乏理论深度；一些辅导员工作压力大，科研投入时间不足，缺乏对教育实践中重要问题的深切关注，科研课题研究的主动参与度不高，因而研究成果的理论含量不足、解决实际问题的针对性不强。一些院校尚未形成具有研究合力的辅导员科研团队，使得辅导员在专题研究上往往陷入单打独斗，缺少协同创新的研究热情。《普通高等学校辅导员队伍建设规定》明确要求辅导员"参加相关学科学术交流活动，参与校内外思想政治教育课题或项目研究"。从国家到地方，支持辅导员提高科研能力的保障机制正在建立和不断完善，提高辅导员科研能力问题已经引起了教育行政部门和学校的广泛关注。

三、辅导员职业能力发展的问题归因

辅导员职业能力发展中存在着诸多与时代要求不适应的问题。影响辅导员职业能力发展的因素是多方面的，既有外在的培养培训因素、政策与制度机制方面的因素，也有辅导员内在的职业认同、职业追求以及自我主动发展等方面的因素。深入探索问题的归因，有利于完善辅导员职业能力培养措施。

(一)工作内容缺少具体的规定性

很多学者在分析辅导员能力发展现状时指出了辅导员职责过于模糊这一现实不足。辅导员职业能力发展，首先要解决的是岗位职责的清晰问题，岗位职责直接关系到职业能力的内涵以及辅导员职业发展的远景,也直接关涉辅导员专业化职业化发展的方向。工作职责决定了职业能力的发挥,清晰的工作职责需要以具体的工作内容为支撑。

1.过于宽泛化的工作内容是影响并制约辅导员职业能力发展的重要因素。根据近年来国家相关文件对辅导员的要求,辅导员工作内容几乎涵盖了与大学生有关的各项工作,从思想政治教育到日常管理,从思想引领到学业指导、就业指导、心理咨询与心理健康教育。宽广而缺少具体规定性的工作内容要求与有限的辅导员个体工作精力之间形成了鲜明的反差,客观上加大了辅导员核心职业能力发展的难度。戴锐、肖楚杰从职业社会学角度研究了辅导员职业角色后,尖锐地指出,每个职业的现实发展必然要求其具有独特性和不可替代性,使辅导员承担的职业责任成了高校其他人员的职业责任"零余"部分的"加总",这是对社会分工理论的明显背离;这种与职业发展的历史相悖的职业角色形成路径,正是辅导员职业责任过重以及角色困境的根源。① 从实践角度看,岗位职责的宽泛与内容的过于抽象不仅是造成辅导员职业能力发展困境的重要因素之一,也是造成辅导员绩效考核往往"失真"的重要根源。

2.宽泛性工作内容的来源与可能的弊端。考察辅导员职责内涵的发展变化,必然涉及思想政治教育内涵变化和教育对象的变化。在"政治辅导员"时期,人们鲜有对辅导员岗位职责不清的认识,而进入"高校辅导员"时期,人们对其岗位职责的关注明显增加。显然,对辅导员作用发挥而言,随着社会的发展与教育改革的行进,国家和社会对辅导员的期望值越来越大,由政治教育、思想教育、道德教育,再到素质教育,再扩展到对学生的全面发展负责,体现了辅导员职业功能的不断拓展和辅导员作用的加强。另一方面,当代大学生思想观念、行为模式及发生需求的变化,为学生发展服务理念的张扬,也为辅导员工作增加了新的期待与要求。但过于宽泛的内容不仅造成了辅导员个体行为模式的艰难抉择,也客观上制约着辅导员职业能力尤其是核心职业能力的提升。工作内容的宽泛,工作边界的模糊,也极易

---

① 戴锐,肖楚杰.职业社会学视角下高校辅导员的角色再定位研究[J].思想政治教育研究,2006(4):105 – 112.

带来工作目标的宏大叙事。如,有人论及辅导员工作目标之一是"激发学生创造天性,促进学生掌握学习能力,培育创新精神、协作精神和实践能力,提升综合素质和社会竞争力"①。就辅导员队伍整体功能而言是应该的,但就实践操作来说,则过于抽象。且不说这种目标可以为任何一位专任教师所用,不仅十年前适用,十年后也不会过时。就考核而言,辅导员的工作目标与思想政治理论课教师的工作目标并无多大差别,无论是指向此时还是彼时,也无论是指向整体还是个体,都给工作行为模式及工作效果的考量带来了难以言说的迷惘。就辅导员的具体岗位职责而言,应不是虚无缥缈的任何人都可以随意增删或解释的过于抽象化的概念集合。经常看到一些人不惜重墨渲染如何实施对辅导员工作绩效的考核问题;如果不清楚岗位具体职责、考核标准依据等问题,则考核目标、内容与方法等从何处着眼? 可以认为,制定具体而微的工作内容体系,并据此清晰界定辅导员培养及考核方式,将有助于推进辅导员职业能力的提升。

3. 辅导员工作的新要求是提高辅导员职业能力问题的重要依据。2017年教育部令第 43 号《普通高等学校辅导员队伍建设规定》不仅从宏观角度规划了辅导员的工作职责边界,而且从微观角度对辅导员工作内容进行了层次划分。

规定的第一条为核心职能,是统领,是核心工作任务;第二、三条是清晰的具体工作职责,是辅导员区别于一般学生事务工作者职责的具体标志;第四条是辅导员在非学术性教育及课外教育等方面的职责及日常教育管理职责,这一条包容性很大。入学教育、毕业生教育是辅导员可以操作的教育技能,操作主体明确;学生的军事训练,应属必修课范畴,操作主体不在辅导员,所以理论上不存在由辅导员"组织开展"的问题,实际是协助和配合有关职能部门的问题;评选各类奖学金、助学金,勤工俭学,助学贷款,困难帮扶等,都直接与国家实施的高校学生资助政策体系对接,在操作层面上比较复杂,涉及职能机构与基层机构在具体项目上的分工和具体工作人员的职责,也是造成辅导员职责模糊和过多消耗辅导员工作精力的原因之一;"勤工俭学"或"勤工助学"项目,在实施的意义上,究竟是属于高等教育的应有功能,

① 朱正昌.高校辅导员队伍建设研究[M].北京:人民出版社,2010:177.

还是出于"帮扶解困""教育救助"？对此,学界鲜有回应。从教育的角度看,辅导员有义务指导学生根据自己的实际,在学习、生活之外进行勤工俭学或勤工助学,以培养学生的自强自立意识、为家庭分忧意识和体验社会生活的意识,但有计划地组织学生开展勤工俭学活动,把勤工俭学变成辅导员行使工作职责的一种具体项目,则令人疑惑不解。辅导员究竟有多大的能力、多大的权限把所负责的班级或年级的勤工俭学活动落到实处？可以认为,学校有责任和义务对学生的勤工俭学活动提供政策性支持,也可以院（系）为单位或由职能部门出面,组织一些勤工俭学活动,但具体落实则需要有关职能部门的作为,辅导员个体只是配合与协助。全国辅导员年度人物评选活动涌现出许多辅导员的感人事迹,比如,为了帮助家庭经济困难学生,辅导员用自己的工资资助学生；为了帮助学生找到心仪的工作,辅导员自己先"求职",再把经验传授给学生；等等①,显示了辅导员敬业奉献和真心帮助学生的职业精神。辅导员帮助学生发展,可以采取各种方式,甚至动用自己的工资以及社会关系资源。但是,工作精神与可考核、可评估的岗位职责任务不是一个概念。有些日常工作内容不是应由辅导员具体操作的,如办理助学贷款,其责任主体不是辅导员,而是学生和有关部门。国家已经明确要求,各高校要设置独立的学生资助办公室②,并配备专职工作人员；对学生生活进行指导,只能是一个原则性的要求,并非一个具体的可以操作的项目,因为学生的个性特点、生活习惯、生活情趣、行为模式、价值取向都存在着若干差异,辅导员只能根据可观察到的行为习惯和能够接收到的有关信息进行指导。学生的生活到底包括什么？学生生活有什么标准？这些都没有明确的答案。大学生大多是成年人,应培养和提升他们自我教育、自我管理、自我发展的能力,不应把中小学班主任组织实施的素质教育内容简单地搬到大学里来,大学生的素养教育应该在高起点上运行。

辅导员职责的第五条是心理健康教育与咨询工作。在具体内涵表述上,实际是一句话表达四层意思:一是"协助学校心理健康教育机构开展心

---

① 张洁.基于全国高校辅导员年度人物的辅导员专业化研究[J].思想理论教育,2015(3):94-99.

② 国务院办公厅.国务院办公厅关于切实解决高校贫困家庭学生困难问题的通知[Z].2004-09-03.

理健康教育"，"协助"一词表明了思想政治教育工作与心理健康教育工作的区别与联系;二是从"协助"角度对学生心理问题进行初步排查和疏导;三是从"协助"角度组织开展心理健康知识普及宣传活动;四是工作的目标,即"培育学生理性平和、乐观向上的健康心态"。在这句话中,"协助开展心理健康教育"在前,对"学生心理问题进行初步排查和疏导"和"组织开展心理健康知识普及宣传活动"只不过是"协助开展"的具体内容。

辅导员职责的第六条是网络思想政治教育,就是运用新媒体、新技术,占领网络思想政治教育重要阵地。辅导员应该把握的问题在于:第一,必须运用新媒体、新技术,创设新的思想政治教育平台;第二,必须关注新媒体发展带来的新问题,在新媒体环境下做好思想价值的引领,培育和弘扬社会主义核心价值观。这是辅导员能力的时代性和技术性要求,也是辅导员区别于一般学生事务工作者的特有的职业属性之一。

辅导员职责的第七条是校园危机事件应对。其中,有实际内容的是基本安全教育,而校园危机事件应对,并非真实的、常态的工作职责。从技能角度说,没有在实践层面的应用,技能何来?"危机事件"考验的是做人的品格、综合素养和应变能力,考核的是沉着、冷静、睿智,而这些内涵需要在平时工作与生活中去淬炼。

辅导员职责的第八条是职业规划与就业创业指导。就"就业观念"和"建功立业"教育而言,在入学教育、毕业教育以及其他日常教育中都已涉及,而职业生涯规划和就业指导主要是从促进学生全面发展及培养适应社会需要的能力而言的,就院(系)办学的整体功能来说,也需要辅导员在这方面发挥积极的作用。但就业指导本身并非辅导员的独有"主业",所有专任教师,包括思想政治理论课教师均有这种职责。

辅导员职责的第九条是关于理论与实践研究方面的要求,这里暂不做分析。

可以认为,目前辅导员的岗位职责范围基本确定,但在实践中,对岗位职责的理解尤其是核心职责的理解还存在一些误区。将辅导员陷于繁杂的学生事务之中,实际就是对辅导员职责理解的偏颇所致。国家给辅导员工作划定了一个清晰的范围,而具体的工作内容则需要学界进行深入的研究。辅导员主要职责是思想政治教育,辅导员是教师,是教育工作者,是高校思想政治工作队伍中的重要成员,只有从思想政治工作的角度,才能理解辅导员为什么需要去基层挂职锻炼,才能厘清辅导员和心理健康教育与心理咨询教师的职责差异。只有科学界定辅导员与学生事务工作者的职责分野,明确辅导员在专业上的主要发展方向,明晰主要工作内容,才能在实践上克服职责不清的弊端,使辅导员减负增效,促进辅导员职业能力的发展。

(二)提高职业能力的措施不完善

1.辅导员专业提高的路径不够畅通。近年来,国家对辅导员高度重视,构建了系列化的高校辅导员培养培训体系,高校辅导员队伍的学历学位层次有较大提高,辅导员上岗培训、研修培训、专题培训、高级培训、高级研修广泛开展。但从骨干培训到大面积的一线辅导员培训,从专题培训到定向培训,还有很大的发展空间;辅导员参加高层次的培训以增长知识与阅历、提高能力和素养的要求与现有各级培训力量不足的矛盾仍很尖锐;辅导员专业化培训诉求与现有培训机构力量和运作方式存在很大的不匹配。一些一线辅导员参加专业培训的机会仍然稀缺。受参培人员要求、名额分配等因素限制,一线辅导员较少有机会参加层次高的辅导员培训。按照2017年教育部令第43号,辅导员每5年才有一次机会参加国家级或省级培训。国家级骨干辅导员培训班的入场券更是一票难求。打通务实的培训规划与实现学校年度培训计划之间的"最后一公里"仍需要不少的时日。

2.辅导员专业培训的目标尚不清晰。近年来,面对大学生思想政治教育的新要求和各种复杂局面,多数辅导员迫切要求各种类型的培养培训,以提高专业素养和思想政治教育本领。就各地各校的辅导员培训而言,专业化培训的目标仍不够清晰,如省级辅导员培训和研修基地所负责的任务是岗前培训、日常培训和骨干培训,而专职辅导员5年内才有一次机会参加省级培训,参加培训的类型是哪一种却无从得知。校级每年16个学时的培训,培训内容、培训对象、培训目标是什么,并无具体规划和要求,全靠各校自己把握。目标不清晰必然导致培训内容的空泛化、碎片化倾向,也缺少理论与实践的深层对接。由于目标不清晰,各级各类培训缺乏统一规划和有效整合,缺少参培人员的网格化落实;培训过程缺乏延续性;培训方式缺少现代化转型;等等。忽视培训目标的研究,也就容易导致对差异性培养、针对性训练、个性化需求的忽视,影响培训效益。

3. **信息化平台建设明显滞后**。辅导员职业培训信息平台建设、辅导员数据库平台建设、辅导员学术经验的成果交流与共享平台建设还明显滞后。举例说，在网络化、数字化时代，每一年度、每一地区、每所高校的辅导员队伍建设情况应该有据可查，每一地区、每所高校的辅导员培训规划和年度计划都应能在网上检索到。精彩的学术报告应该快捷地出现在网上或制成光盘，实现资源共享。在信息化时代，有些培训安排、考核机制、抽查机制等应该透明化，这样既有利于培养培训措施的扎实落地，也有利于调动一线辅导员参与培训、提升素养与能力的积极性。在教育信息化、大数据、云计算、多媒体、自媒体以及"两微一端"快速发展的背景下，辅导员的信息技术素养亟待提升，辅导员职业能力培训的方式也亟待改进，因而针对辅导员职业能力提升的信息技术的载体手段也应尽快升级。

（三）能力提升的制度机制不健全

1. **缺乏稳定辅导员队伍的正向流动机制**。辅导员队伍不稳定、流动性大，这既是一个历史性问题，也是一个现实性问题。部分辅导员职业能力不强，一个重要因素就是辅导员队伍的稳定性差，辅导员不安心本职工作，学校没有建立正向的流动机制。任何职业队伍的发展都需要稳定性和流动性，稳定性和流动性的关系是矛盾的对立统一。辅导员专业化职业化发展需要稳定性，只有相对稳定，才能有利于专业化职业化发展，有利于辅导员接受良好的培养，有利于职业文化的传递。如果没有流动性，辅导员队伍就会因缺少新鲜血液而丧失生机与活力；反之，如果流动性过大，就成为负向流动或反向流动，使辅导员队伍建设失去应有的稳定性。就辅导员这一职业岗位的发展现实而言，建立健全正向流动的机制，更有利于辅导员队伍的相对稳定和专业化发展。这里的正向流动，就是指有组织、有计划、有目的地引领和安排辅导员走向其他工作岗位，其他工作岗位也欢迎辅导员成为其中的一员；另一方面，其他岗位的人员如教师、行政干部也愿意加入辅导员队伍中来，这即是辅导员队伍的正向流动。

在"政治辅导员"时代，辅导员对职业前景基本不用担心，也不受待遇所左右，其职业发展方向基本具有三个选项：政工干部或领导职务、科研工作者、专业课教师。受当时办学规模影响，一个院（系）辅导员人数不多，去向也容易解决。时至今日，本科大学的规模已达万人以上，辅导员数量已非昔日可比,干部选拔任用的机制以及教师队伍建设的选聘机制都已经发生了新的变化,如果学校不提前规划辅导员的职业前景,必然容易造成辅导员的职业懈怠。某些高校的在编辅导员之所以对职业培训缺乏兴趣,不安心本职,是因为职业的吸引力不强,以及对职业的发展前途担忧。因此,辅导员职业能力提高必须要关注职业稳定性和发展机制的建立健全。

对于辅导员队伍的状况,无论是官方的数据,还是学者们的调查统计,都指向了一个事实,即年龄在 30 岁以下的辅导员约占 60%,连续任辅导员的时间在 5 年以下的约占 50%。这一数据说明辅导员多为青年人,而很多人只担任几年辅导员,甚至连一届都没有干完就离开了。从能力培养角度看,我们几乎在完成这样一种新陈代谢,即把"新手"培养成"熟手",然后"熟手"就离开了,我们再培养新一轮的"新手",如此循环往复。辅导员队伍呈现出高流动性、低稳定性的境况。辅导员岗位流动性大,十分不利于职业能力的提升,不利于个体工作的连续开展和队伍整体经验的积累,即不利于辅导员职业文化的传递。如果不很好地解决辅导员队伍的稳定性,辅导员专业化职业化进程注定遥遥无期。辅导员队伍的高流动性样态呼唤我们要尽快构建辅导员队伍和谐发展的长效机制。

2.缺乏推进辅导员职业能力发展的激励机制。高校辅导员职业能力及其培养培育的现状表明,辅导员培养措施的不系统性、培养机制的不完备性是一种客观存在,也是阻碍辅导员能力发展的重要瓶颈。全国有 3000 多所公办高校、十几万名专职辅导员。共同的职责使命与不同的生活境遇、教育境遇、发展境遇形成了鲜明的反差,折射出高校辅导员职业能力发展机制中亟待解决的观念问题、激励机制的实施问题。辅导员职业能力的发展离不开内在的进取心、事业责任感、职业荣誉感,需要辅导员个体的奉献精神和积极作为,更需要外在的激励机制。一些辅导员工作热情不足、能力进取意识淡薄、科研兴趣不高、自我发展劲头不足,其重要原因在于辅导员激励管理和激励机制不健全、激励作用不强。① 因此,建立有效的辅导员激励机制,可以最大化地调动辅导员工作的积极性和主动性,推进辅导员职业能力的自我发展和自我完善。有关部门和学校建立并实施推进辅导员能力发展的

---

① 郑晓娜.高校辅导员职业化研究[D].沈阳:辽宁大学博士学位论文,2015:48 - 49.

激励机制体系,帮助辅导员不断地克服职业倦怠、提升职业能力、刷新业绩纪录,把国家对辅导员的重视真正落到实处。

3. 管理体制不够顺畅是影响辅导员职业能力发展的现实性障碍。在管理体制上,长期形成的多头的领导体制也在一定程度上影响着辅导员的发展。辅导员所在的单位是院(系),但学生管理部门似乎理所当然地行使起管理辅导员的职责。辅导员具有教师和干部双重身份,但在被管理层面上既不属于教师也不属于干部,处于非常尴尬的地位。可以认为,在职业群体中,唯有辅导员这个"媳妇"享受着被多个"婆婆"监管的"殊荣",这也是造成辅导员职业地位低下的原因之一。

应该说明的是,2017 年教育部令第 43 号在辅导员管理体制机制建设上有了新的进展,除明确规定辅导员实行学校和院(系)双重领导外,在突出党的领导、实施管教分离等方面有了新的部署安排,如学院党委负责对辅导员进行直接领导和管理。此外,该文件对专职辅导员的概念内涵等方面的表述,都有了新的变化,有利于进一步理顺管理体制机制。

在中国高等教育走向大众化的进程中,辅导员担负起思想政治教育、促进学生发展和学生日常教育管理的重担,其职责的复杂性和繁重性引起了人们的广泛关注。辅导员管理体制的不畅,实质反映了专业归属上的不同认知。辅导员到底是对日常思想政治教育负责,还是对学生事务工作负责,成为有争议的话题。戴锐、肖楚杰认为,辅导员的职业角色责任新定位应是:社会认知与社会适应的引领者、学生人生观念与社会行为的指导者、学生心理的关怀者,应探索建立"辅导咨询本位"来破解辅导员专业化面临的困境。[①] 但社会认知、社会适应、社会行为所涉及的面仍然很宽,戴锐、肖楚杰并未列出解决思想政治教育与学生事务工作之间矛盾的具体思路。实际上,教育部有些文件在岗位属性的表述上也存在差异。如"教思政〔2014〕2号的《能力标准》"认为"高校辅导员是履行高等学校学生工作职责的专业人员",而 2017 年教育部令第 43 号却不是这样表述的。从中国高校人才培养的运行模式入手,至少有两个问题需要引发学界的深入探讨:

① 戴锐,肖楚杰. 职业社会学视角下高校辅导员的角色再定位研究[J]. 思想政治教育研究,2006(4):105 – 112.

一是思想政治教育与专业教育的关系。无论是德育为首,还是德智体美劳全面发展,或是培养又红又专的高素质人才,中国高校思想政治教育都不是仅注重人才培养过程,而是对人才培养的本质和内在的依据提出更高要求。思想政治教育与专业教育是既相互联系又相互独立的,犹如支撑火车运行的两条铁轨,缺一不可,形成完整的人才培养的内容体系和目标体系。思想政治理论课不是可有可无的选修课,而是必修课。党团组织的教育活动、班级或年级开展的主题教育活动虽相对独立于教学体系之外,但内生于教育体系之中,与教学体系共同构成完整的教育链条,作用于学生的成长与发展。因此,辅导员依托党团学组织开展的不是纯粹意义上的学生事务管理,而是教育活动。辅导员在院(系)办学主体中,以教师的身份行使教育者的职责,所组织开展的教育活动包括各种实践活动,实质就是另外一个"课堂",也是一种"教学"活动。因此,从广义的角度说,辅导员的职责就是教书育人。

二是学生工作与思想政治教育工作的关系。从概念来源角度说,学生工作来源于学校管理工作的分工,教学管理、学生管理、后勤管理、组织人事管理等都是一种管理分工。目前高校普遍设立的学生管理机构为学生处及学生工作部,学生工作机构的具体内涵到底是什么,至今鲜有人分析。一种说法认为,学生工作机构负责高校学生的思想政治教育、行为规范管理、成长成才服务;另一种说法认为,学生工作机构主要负责学生事务。无论哪一种,其职责界定都值得推敲。举例说,"为学生成长成才服务",难道教务处、后勤服务处、各个教学部门就不是"为学生成长成才服务"吗?"学生事务"到底指的是什么事务? 这些都需要讨论。高校思想政治教育缘于国家的意志,缘于国家对办学方向、对人才培养内涵的政治性要求。就现实性的学生工作而言,有学生管理与服务,也有思想教育任务,但学生工作的基本指向应是指学生事务,是侧重于行政管理与相关服务,而非侧重于思想政治教育。学生思想政治教育,是侧重于教育,而非管理,是价值引领、思想疏导、行为指导,而非生活性服务。《中国教育年鉴》在"高等教育"条目中将学生工作与思想政治工作单列,而学生工作内容中主要写的是招生、就业、管理等,并未列学生思想政治教育。

辅导员是负责学生日常思想政治教育的专业人员,而非"履行学生工作职责的人员"。有学者认为,辅导员要在工作中树立三种意识,即保姆意识、父母意识和财富意识①,其出发点可能出于做好学生事务工作,但显然与辅导员的核心工作职责即思想政治教育相差甚远。值得注意的是,一些研究者往往站在学生工作专业化角度来论及辅导员专业化职业化,甚至把所有学生工作都列入辅导员职责范畴,混淆了二者之间的区别,反映了学界在辅导员核心职责上的认识差异。

本书认为,辅导员的专业领域是思想政治教育,辅导员是履行学生日常思想政治教育工作职责的专业人员,思想政治教育工作的技术含量远非学生事务工作的技术含量所能比拟。实际上,2017年教育部令第43号对辅导员工作要求的表述,已经很清楚地告诉我们,辅导员的工作任务是"不断提高学生思想水平、政治觉悟、道德品质、文化素养";引导学生进行"四个正确认识";培养"社会主义合格建设者和可靠接班人"。而"围绕学生"等要求则是实现任务目标的前提或基础。根据辅导员的主要职责,人的思想的复杂性、多变性和发展性决定了思想政治教育任务的艰巨性,也决定了对辅导员职业素养和能力的高要求。破解辅导员职业能力发展的困惑,必须明确专业归属和主要职责,这是加强辅导员专业训练、提高辅导员的核心职业能力、培养高素质辅导员的基本前提。

4.辅导员队伍不稳定,在很大程度上与缺乏动力机制有关。辅导员职业能力的发展,需要相应的政策措施做保障。在一些高校、一些学术研究中,辅导员工作的职业优越性、辅导员职业发展前景等问题,并未引起足够的重视。辅导员职业岗位的吸引力,往往取决于自我价值的体现、薪酬待遇的刺激、劳动强度的承受、工作环境的舒畅、岗位职责的明晰、具有发展的弹性等因素。"像重视业务学术骨干的选拔培养一样重视辅导员的选拔培养,像关心业务学术骨干的成长一样关心辅导员的成长",代表的是一种值得称道的理念,但迄今为止,仍未建立一种长效的机制,吸引更多的优秀人才长期从事辅导员工作,使辅导员岗位成为竞争性很强的工作岗位。

从国家政策层面上,由于缺乏系统化政策支持,尤其是缺少在辅导员能

---

① 汤兆平,黄少云,郭厚焜.当前高校辅导员应着重树立三种意识[J].企业家天地,2006(11):100-101.

力培养上的激励措施、保障措施、监督措施,对不同类型高校的具体的环境性因素考虑不足,导致高校辅导员队伍整体职业能力发展不均衡。

就高校层面而言,在认识层面上重视程度不足,对辅导员培养的整体定位存在偏差,缺乏对辅导员具体工作环境的考量,忽视职业能力培养与具体校情的接轨,培养支持体系的不健全,培养方式单一,评估反馈体系不完善,导致高校辅导员职业能力的培养缺乏实效性、针对性,造成辅导员的职业特定能力不强以及科研能力较弱。

从辅导员的个人作为角度看,辅导员的职业认同感与自我提升热情不高,的确是制约培养培训效果的重要原因,但造成辅导员能力自我提升热情递减的原因,归根结底还是政策或机制。

周家伦等人认为,在辅导员制度建设上应实施发展机制、评价淘汰机制、交流互动机制。辅导员的发展机制可以坚持"631"原则,即把60%的人培养成专业人才,长期从事这一职业;30%的人转岗到其他岗位;10%的人作为后备干部培养。① 这个思路是好的,问题是这个"百分比"是规划上的意义还是操作层面上的意义,在实践中如何实施,应找到具体的操作路径。解决辅导员的稳定问题,是一个政策性很强的问题,应重点考虑进出问题、职称问题和级别问题。无论是选聘还是招聘,首先是以什么身份进入。应该按教师岗位编制进入,按思想政治教育岗位考核,按时间、业绩、特长和规划决定职业方向。比如对新进者,首先以5年为一个周期。"出"的问题,应提前规划好方向,令新进者有明确方向。现在,有些招聘只讲"进"的标准、原则,不交代未来发展,是不够合理的。按教师系列按时评定职称,按干部系列及时晋级,应具体给出业绩和时间要求,比如当5年辅导员就应最低限度地落实副科级待遇。只有采取具体措施,才能"保证辅导员工作有条件、干事有平台、待遇有保障、发展有空间"。

职业的稳定性取决于岗位吸引力的大小。公务员招考,为什么有的岗位报考者趋之若鹜,恐怕就是其岗位吸引力。岗位吸引力是辅导员职业能力发展的内生动力。辅导员岗位有无吸引力,主要看社会价值和对自我发

① 周家伦.高校辅导员:理论、实务与开拓[M].上海:同济大学出版社,2011:214 - 216.

展的价值。岗位的流动性并非职业懈怠的根源。辅导员岗位也需要适当流动,问题是怎样流动? 是正向流动,还是反向流动? 是人才输出性流动,还是人才疏离性流动? 这些取决于这一岗位的价值与吸引力。在"政治辅导员"时代,留校的职业定向、政治工作的需要、任期结束后的组织安排等因素,一般不会使辅导员为职业发展远景产生忧虑,但在高等教育大众化时代,研究生的留校任职、辅导员人事聘任的实施、学校管理岗位与专业技术岗位设置与管理的变化、辅导员职责的不清与发展方向的模糊等因素,使得辅导员岗位的吸引力发生了新的变化。可以推论,缺少职业发展期待、缺少自我价值追求,辅导员职业能力必然因缺乏内在动力而停滞不前。

良好的职业发展远景是辅导员能力发展的重要动力。就辅导员专业化职业化发展而言,谋划职业发展前景主要不是辅导员个体倾心研究的课题,而是国家、社会、学校必须关注并采取有力措施加以解决的重要问题。很多人对职业生涯理论饶有兴趣,但往往忽略这样的事实:不同的生活境遇、不同的背景条件、不同的社会氛围、不同的个性特点塑造着不同的人生道路。马克思说:"人们自己创造自己的历史,但是他们并不是随心所欲地创造,并不是在他们自己选定的条件下创造,而是在直接碰到的、既定的、从过去承继下来的条件下创造。"①辅导员职业的发展、辅导员能力的进步、辅导员对职业生涯的追求需要一定的前提条件,而良好的职业发展前景无疑是这一职业群体保持旺盛生命力的必备条件,也是辅导员个体能力发展的重要动力源。从某种意义上说,某些辅导员的工作不尽如人意,工作效果未能达到理想化的要求,并不完全是辅导员个体的责任,有关部门和有关领导也要担责,至少他们缺少了对辅导员的应有理解、支持、关爱,或者没有尽心尽力地为辅导员创造应有的工作条件和生活条件。辅导员职业发展前景并非可有可无的空头支票,而应该体现为制度化、法治化的,具有实践操作意义的,体现人文关怀的措施。只有从理论与实践的结合上解决辅导员职业发展前途问题,才能真正摆脱辅导员职业能力发展的困境。

5.辅导员职业能力发展需要人文关怀。辅导员的职业使命是育人,辅

① 中共中央马克思恩格斯列宁斯大林著作编译局.马克思恩格斯选集:第 1 卷[M].3 版.北京:人民出版社,2012:603.

导员是思想价值的引领者,是学生全面发展的促进者,但辅导员也是有强烈自尊,有强烈自我发展、自我完善、自我价值实现愿望的鲜活生命。辅导员需要得到关爱,辅导员的工作也需要得到人们的理解、认同和支持,辅导员工作的辛苦、劳累需要得到同情和赞赏,辅导员工作中的偶然失误和不足需要人们善意的谅解和勉励。有关部门、有关领导在制定相关辅导员政策机制、组织实施相关活动时,也应坚持以人为本,不应出现人文关怀的缺失,应以关爱的精神、发展的意识、培养与扶植的情怀帮助辅导员,支持辅导员不断发展和前进。

6.辅导员职业能力发展需要制度保障和社会认同。辅导员艰苦细致的工作需要得到有关部门的高度关注和制度的保障。有研究显示,学校的等级性质对辅导员职业认同的影响程度从高到低依次为重点高等院校、普通高等院校、民办高等院校、普通专科院校。重点高等院校更注重发挥辅导员的工作职能,为辅导员提供更多的职业发展空间,能够更好地体现辅导员的工作价值。[①] 李明忠以 2008 至 2014 年全国高校辅导员年度人物为例,研究分析了高校优秀辅导员的群体特征与职业发展问题,其结论为:高校办学层次和办学实力越高,对辅导员队伍建设越重视,不但为辅导员职业发展提供良好的组织环境,而且能提供较好的培训与激励政策。[②]

如果我们认真分析从 2008 至 2017 年前后 9 届全国高校辅导员年度人物奖、年度人物提名奖、年度人物入围奖的名单,不难发现这样的事实:全国高校辅导员年度人物评选几乎成为本科院校辅导员独有的评选活动,不仅人物奖、提名奖难见高职高专院校辅导员的身影,就连入围奖也鲜见这类院校的辅导员。人们在惋惜之余不禁反问:是因为这类院校的辅导员素质太低,难登全国辅导员人物评选的大雅之堂,还是这类院校的辅导员的作用未能引起有关部门的重视?对辅导员职业的认同,不仅包括社会对这一职业岗位的认同,也包括对这一职业群体内部不同层面的个体工作业绩的认同;不仅要彰显以院(系)党团领导身份抓好学生思想政治教育的业绩,也要彰

---

① 郑豫鹤.近 10 年高校辅导员职业认同研究综述[J].河南工业大学学报(社会科学版),2017(5):94-98,104.

② 李明忠.高校优秀辅导员的群体特征与职业发展:以 2008—2014 年全国高校辅导员年度人物为例[J].高等教育研究,2016(3):68-79.

显一线专职辅导员的工作业绩;既要彰显某些研究型本科院校辅导员,也必须彰显教学型、应用型的本科院校辅导员,当然还必须关注高职高专院校辅导员。这不是"平均主义"的问题,而是涉及典型的意义指向、高等教育资源使用的公平以及对不同境遇下辅导员业绩的肯定等问题。

四、辅导员职业能力发展的新挑战

(一)多元多样价值观的挑战

步入 21 世纪,国内外形势发生了深刻的变化,价值观念的多样化存在与碰撞、教育对象的多元化诉求、信息网络技术的发展,给高校思想政治教育带来了新的影响与冲击,既有马克思主义指导思想面临多样化社会思潮的挑战、社会主义核心价值观面临市场逐利性的挑战,也有传统教育引导方式面临互联网多媒体的挑战,还有培养社会主义事业建设者和接班人面临敌对势力渗透争夺的挑战。总之,以学生思想政治教育工作为己任的辅导员面临着前所未有的多元价值观念的挑战。

1. 经济全球化带来的对马克思主义信仰的冲击,给辅导员思想政治教育能力的发挥带来了严峻的挑战。经济全球化将世界经济融为一体,但我国在政治制度上与西方国家存在差异,而在国际经济交往中西方意识形态对我国不断进行传播和渗透。东西方文化经济的一体化,导致了东西方政治和文化的交流和博弈,两种制度和意识形态的矛盾和冲突更加激烈。我国作为与资本主义制度相对立的社会主义国家的典型代表,自然引起西方发达国家意识形态的围追堵截。作为"假想敌",西方国家在意识形态上对我国开展丑化和妖魔化的宣传,使得传统的马克思主义信仰被质疑和丑化,给辅导员组织实施的马克思主义信仰教育带来不利的影响。

2. 中西方文化冲突带来的对优秀传统文化的挑战,影响着大学生的价值观念和个性品质。改革开放在引进西方先进科学技术的同时,也使求知欲特别强的大学生接触、认识到西方文化。中外传统文化的交锋,使尚缺乏社会化活动、对社会一知半解的大学生感到困惑。培养大学生正确认识西方人性的解放与西方法制化历史、正确理解中国法治化建设进程以及中国传统文化底蕴,培养和加强大学生的法制观念,帮助大学生养成良好的道德品行,成为新形势下辅导员职业能力发展必须面对的课题。

3.**市场经济带来的对社会主义核心价值观的挑战,影响着辅导员组织实施的世界观、价值观和人生观教育。**改革开放后,社会主义市场经济的发展引起的经济成分、经济利益、社会生活方式、社会组织形式、收入分配方式的多样化,必然导致思想观念和意识形态的多样化。市场经济彰显的蓬勃生机与活力,使得人们的物质生活水平有了质的飞跃,人们的价值观也随之发生了巨大的改变。财富的快速增长在丰富人们物质生活与精神生活的同时,也不可避免地助长了享乐主义、拜金主义、功利主义的思潮,一些人精神世界空虚、理想信念缺失、价值观念扭曲;市场经济的趋利性、竞争性冲击着社会主义核心价值观,社会经济生活不同层面的群体对生活价值目标产生了不同的选择与追求;不同的生活境遇、不同的生活压力、不同的教育影响、不同的发展机遇、不同的理想抱负,造成了多元化的价值取向;传统的集体主义思维、团结协作的意识、无私奉献的精神受到个人主义、功利主义的侵蚀,社会主义核心价值观受到了前所未有的冲击。社会上多元的价值观必然影响到大学生。一些大学生不同程度地存在政治信仰迷茫、理想信念模糊、价值取向扭曲、诚信意识淡薄、社会责任感缺乏、艰苦奋斗精神淡化、团结协作观念较差、心理素质欠佳①的状况,使得扎实进行社会主义核心价值观教育成为高校思想政治教育工作者的艰巨任务。

(二)科技创新与发展的挑战

1.**辅导员职业能力发展面临着技术革命的挑战。**当今世界处于大变革时期,第四次产业革命蓄势待发,新思想、新技术、新事物层出不穷。大数据、云计算、互联网、多媒体、人工智能等步入了人们的生活,改变着人们的思维与认知。重大技术创新推动着社会产业业态的重构,经济增长模式向创新驱动转变,人流、物流、信息流流动性加剧。时代的变迁,使得创新思维和解决问题能力更加突出,迫切要求人们培养支撑终身发展、适应时代要求的综合素养、关键品格和核心能力,不断提高对大数据发展规律的把握能力,不断增强利用互联网、大数据推进各项工作的本领。在新时代,辅导员要肩负起培养社会主义建设者和接班人的重任,就必须不断提高育人的本

---

① 中共中央,国务院.中共中央　国务院关于进一步加强和改进大学生思想政治教育的意见[Z].2004 - 10 - 15.

领,将思想政治教育工作传统优势与现代信息技术优势接轨融合,不断探索思想政治教育规律,提高思想政治教育的实效。

2. 互联网对辅导员思想政治教育能力的挑战。 网络具有"虚拟性",对大学生的身心及人际关系产生了新的冲击。当代大学生在成长的过程中缺乏完整的人际交往和沟通的有效体验,他们往往非常关注自我,崇尚独立、自主和个性。一些大学生易沉溺于虚拟世界的快乐,利用"人机交往"代替"人际交往",导致心理世界与现实世界疏离,虚拟的情感世界与真实的亲情、友情疏离。某些大学生在现实生活中遇到挫折时,更加倾向于在网络中寻找虚拟的完美人生。网络的这种吸引力往往会导致学生对网络的迷恋甚至因过分投入而患上"网络毒病",上网精神亢奋,离开网络就精神萎靡,从而影响学习与生活。网络中有着丰富的信息内容,但也蕴含着不利于学生发展的不良信息,包括一些黄色、暴力等不健康的信息,不利于培养健康的思想情操和正确的理想信念。信息网络和现代信息传播载体的发展,要求高校辅导员更新教育的观念,创新思想政治教育的方式与手段,积极应对网络信息技术的挑战。高校辅导员应当主动占领网络思想政治教育新阵地,努力搭建网络育人平台,强化网络互动交流,密切关注网络动态,不断提高自身的专业素养和专业能力,为提升高校思想政治教育工作的科学性和实效性而努力探索。①

3. 媒介素养是网络信息技术提出的新要求。 当下,我国经济高速发展,信息技术产生了革命性变化,基于网络的新媒体已经改变了人们的交往、沟通和交流方式。在目前无人不网、无处不网、无时不网的状态下,高校辅导员的角色已经不能局限于传统的日常思想政治教育者与管理者,还必须应对"互联网+"背景下新的媒介素养要求的挑战,在网络舆情研判、网络信息管理、网络行为规范等方面发挥思想教育和价值引导作用。在互联网时代,QQ、微信、在线教室等即时交流工具,创造出一种全新的社会交往场景。人与人之间的交流和交往,既可以是同一地点的面对面交流,也可以是以网络

① 李春荣.互联网背景下高校思想政治教育工作的挑战与应对[J].高校辅导员,2017(1):65-67.

为中介的远距离的同步、异步交流。① 网络信息与媒介技术的进步,要求辅导员提升媒介素养。

教育信息化的发展,需要教师尽快实现从信息技术应用能力发展向信息素养养成的方向转变。教育资源的拓展,为全新教育形态的塑造提供了可能。"虚拟现实等新兴技术的广泛应用,使以视频和图文为主、缺乏交互能力的静态资源被三维立体和具有智能交互功能的动态资源取代。"②高校辅导员应主动适应网络媒体发展变化需求,有效把握大学生思想特点及动态,全面开拓网络思想政治教育阵地,不断提升媒介素养和媒介教育能力,才能在新媒体信息传播环境下充分利用好新的网络媒介,自主分析、辨别信息的意义,明辨信息的真伪,合理整合信息,传递有利于大学生成长的信息,进而提高思想政治教育的及时性、针对性和有效性。

(三)素养和能力要求的挑战

习近平总书记指出:"思想政治工作从根本上说是做人的工作,必须围绕学生、关照学生、服务学生,不断提高学生思想水平、政治觉悟、道德品质、文化素养,让学生成为德才兼备、全面发展的人才。"辅导员的工作职责要求发挥政治导向和价值引领作用,教育引导大学生正确认识学习专业知识和提高政治理论素质、思想道德素质,主观愿望与客观需要之间的关系;正确处理个人利益与集体利益、社会利益、国家利益之间的关系。辅导员的育人使命要求辅导员必须不断地提升职业素养与职业能力,敢于面对能力发展上的各种挑战。

1.应对职业观念更新与转型的挑战。辅导员职业岗位是一个注重社会奉献的岗位,其职业角色不仅是一个以维护社会制度与秩序,表现社会行为规范、价值观念、思想道德等为目的的社会角色,更是一个促进人的发展与完善、提升人的精神境界的教育者角色。选择辅导员职业,就意味着选择奉献,选择奋斗与创新。高等教育的改革与发展、教育环境的变化、教育对象的变化,要求辅导员要不断地更新职业观念,树立新的职业价值理念。一些

---

① 郭文革.教育变革的动因:媒介技术的影响[J].教育研究,2018(4):32-39.

② 杨宗凯,吴砥,郑旭东.教育信息化2.0:新时代信息技术变革教育的关键历史跃迁[J].教育研究,2018(4):16-22.

人之所以成为优秀的辅导员,是因为他们经得起丰厚利益的诱惑,经得起价值观念的考量,经得起职业理念的挑战。"因为爱""喜欢学生""最伟大的岗位"是全国高校辅导员年度人物奖获得者选择高校辅导员职业时的价值认知和职业信念。选择高校辅导员职业时的单纯与执着、从专业教师向辅导员转岗时的无怨无悔、面对硕士或博士毕业有多样选择时的默默坚守以及面对各种困惑迷茫和诱惑时仍保持对最初承诺的坚守,都是鲜明体现。辅导员的工作对象是大学生,是具有鲜明个性特点和发展需求的生命个体。教育对象的复杂性与多样化追求挑战着辅导员的职业观念和职业行为,辅导员能否成为学生成长成才的人生导师和健康生活的知心朋友,考验着辅导员的职业伦理、职业道德,也检验着辅导员的职业观念。"任何贪图享受、消极懈怠、回避矛盾的思想和行为都是错误的。"辅导员能够克服职业懈怠、保持昂扬向上的进取精神,实际就是应对消极观念挑战所取得的胜利。要使繁重的职业工作不会成为压倒自己精神的最后一根稻草,辅导员必须选择永无休止的奋斗与创造,通过奋斗与创造高扬自我存在的价值。

2. 应对来自职业品格要求的挑战。辅导员的职业品格是一个包容职业道德、职业情感、职业态度、职业精神、职业基本素养以及职业行为习惯的集合体。辅导员必须具有政治品格,这种政治品格就是:坚持政治站位,突出政治功能,强化政治引领。要牢牢抓住学习贯彻习近平新时代中国特色社会主义思想这条主线,围绕增强"四个意识"、坚定"四个自信"、做到"两个维护"。辅导员必须具备职业道德,其中心点就是恪守"爱国守法、敬业爱生、育人为本、终身学习、为人师表"的职业守则。辅导员必须具有良好的人格特质。李明忠曾以全国高校辅导员年度人物为例,研究了高校优秀辅导员的群体特征,认为优秀辅导员具有双性化人格特质,即兼具男女两性心理特征方面的优点和长处,是一种健康、理想的性别角色模式。具有双性化人格特质的高校优秀辅导员具有适应能力强,富于创造性、灵活性等特点,更容易根据不同情境及要求形成创新的育人理念、灵活多样的管理风格,进而取得良好的工作成效。高校辅导员应具备的职业品格是新时代对辅导员职业行为的高要求,也是对辅导员职业素养与能力发展的挑战。辅导员的职业品格要求辅导员要旗帜鲜明地讲政治,旗帜鲜明地高扬马克思主义和习近平新时代中国特色社会主义思想,理直气壮地组织实施思想政治教育,坚定不移地树立"学为人师、行为示范"的职业形象。辅导员职业品格的最高境界,应是职业精神、职业追求、职业行为、职业成就的和谐统一,应是职业理论和职业实践的有机契合,辅导员自我价值与社会价值的完美结合。

3. 应对专业素养与能力水平的挑战。高等教育的质量发展与提升,对辅导员的知识与能力提出了新的要求。近年来,高校辅导员队伍的学历学位层次有较大提高,但很多辅导员仍缺少大学生思想政治教育的专业背景和知识储备,因此,面对大学生思想政治教育的新要求和各种复杂局面,仍不同程度地存在"知识恐慌"和"本领危机"。实际上,现代高校的每一项改革都涉及辅导员的工作,都是以育人为中心的行动。因此,辅导员的工作质量关系着育人的成效,在一定意义上影响办学的效益。

(1)高校职业知识能力素养直接决定了辅导员的工作绩效。高校辅导员的工作是复杂和烦琐的,从安全教育到心理疏导,从入学教育到就业教育,从政治方向引导到思想价值引领,都需要辅导员以广博的知识和扎实的能力做根基。当代大学生的特点是知识更新快,但受到碎片化知识的影响也更多,需要辅导员指导他们提高学习兴趣,在一定程度上引领他们更新知识、整合知识。辅导员职业工作领域的广泛性,需要辅导员不断提高思想政治教育理论,不断吸纳最新的人文社会科学知识,构建和形成新的知识结构。高校辅导员所需要的理论必须融合思想政治教育、教育技术学、教育学、心理学、传播学、社会学等多学科的知识,不仅仅是单纯的思想政治教育理论。辅导员职业能力包含基本能力、核心能力和拓展能力:基本能力是辅导员完成工作所必须具备的基础能力,包含人际沟通能力、管理能力、语言表达能力、信息技术及新媒介应用能力等;核心能力是完成思想政治教育任务所必需的核心素养和能力,它以思想政治教育能力为核心,包括政治方向指导、思想价值引领、道德行为引导等能力;拓展能力属于自我发展能力,包括创新能力、研究能力和知识更新能力。高校辅导员的知识素养与能力水平的培养提高是一个持续、系统的过程,既需要辅导员职业发展的内在驱动力,也需要外在的培养培育机制做支撑。

(2)辅导员应具备较高的理论水平。辅导员所实施的教育教学活动,不仅是一种教育或教学活动,也是一种研究活动。辅导员对教育问题的思考,对国内外教育的认识与分析,对国情、世情、校情、院情、班情的认知,对教育对象的全方位、多角度、分层次的分析,毫无疑问,就是专业技术人员所进行的研究。正是基于这些研究和实践领悟,思想政治教育活动的成效才得到保证。那种认为辅导员工作谁都能干、无须理论和学术研究功底的观点,显然是对辅导员工作职责与职业功能的误解。辅导员专业化职业化发展,要求辅导员必须具备并夯实研究的学术根基,通过在实践中研究,在研究中实践,深刻把握思想政治教育理论和实践智慧,拓宽思维和视野,积累并领悟高校立德树人的实践经验,不断实施高校思想政治教育的创新研究,为推进建设具有中国特色的高校思想政治教育模式做出应有的贡献。

高校辅导员是一个多门专业知识和技能综合又自成专业体系的社会职业。辅导员不仅承担大学生日常思想政治教育工作,而且肩负着学生管理与服务工作。辅导员应具备综合的学术素养,既与思想政治教育学科的属性密切相关,也与辅导员职业岗位要求的综合性质密切相关。对辅导员应具备综合素质和学术素养,早在20世纪80年代,国家就有明确的要求:"今后选拔专职思想政治工作人员,应当选拔那些政治品质好,有较高的马克思主义理论水平和政策水平、较广博的科学文化知识、较强的组织活动能力的人。"[①]从学科角度说,思想政治教育学科本身具有较大的综合性,而像教育学、心理学、管理学、社会学等,都与思想政治教育的理论与实践存在较多的关联。辅导员要加强对思想政治教育规律的认知,提高思想政治教育实效,不能不加强综合的学术素养。辅导员不能满足于思想政治教育学科一般理论与方法的掌握,必须根据大学生思想政治教育和管理服务工作的需要综合运用相关学科知识,如思想政治教育学、心理学、社会学、组织行为学等,不断提高思想政治教育工作质量,促进学生健康成长。从实践角度说,辅导员集多种角色于一身,既要研究如何实施思想政治教育,又要研究如何促进学生的全面发展,教育及研究的领域极为宽广。对辅导员来说,注重思想价值引领,必然涉及榜样激励、关怀激励、赏罚激励、事业激励;依托党团组织

---

① 中共中央,国务院.中共中央　国务院批转《国家教委关于加强高等学校思想政治工作的决定》的通知[Z].1986-05-29.

开展工作,必然涉及选贤任能、赏罚分明、方向控制、情感投资;引领学生发展,必然涉及关爱关心、解人之难、解人之惑、扶危解困等诸多问题。这些问题既需要辅导员思之所至,情之所在,于"实践处用功,人事上体验",也需要辅导员研究与学生的交流交往方式。辅导员工作属性也需要辅导员具备综合的学术研究素养,开创独特的研究方法与风格,在理论与实践的结合上,在教育、管理与服务的结合上研究实施思想政治教育的有效途径。

五、辅导员职业能力发展的新机遇

(一)高校思想政治工作的崭新定位

党和国家采取一系列措施大力推动高校思想政治教育工作。2004 年,党中央、国务院发布了《中共中央　国务院关于进一步加强和改进大学生思想政治教育的意见》,高瞻远瞩,从中国特色社会主义建设与发展的全局和战略高度,对新形势下大学生思想政治教育做出全面部署。而后召开的全国加强和改进大学生思想政治教育工作会议,组织力量对该文件的贯彻落实情况进行督查。党和国家领导人对加强大学生思想政治教育多次做出重要批示,指导有关部门制定并下发了一系列配套文件。大学生思想政治教育在改进中加强,在创新中发展。

2016 年 12 月,全国高校思想政治工作会议在北京召开,这是在新形势下中央召开的首次全国高校思想政治工作会议,习近平总书记出席并发表重要讲话。会议进一步明确了新时期中国特色高等教育事业的发展方向,强调要在新形势下继续提高思想政治工作者的工作能力和水平。

2017 年初,中共中央、国务院印发了《关于加强和改进新形势下高校思想政治工作的意见》,这是为了坚持党对高校的领导,加强和改进思想政治工作,培养中国特色社会主义合格建设者和可靠接班人而制定的法规性文件。文件中提出:高校思想政治工作队伍和党务工作队伍具有教师和管理人员双重身份,要纳入高校人才队伍建设总体规划,形成一支专职为主、专兼结合、数量充足、素质优良的工作力量。

(二)辅导员专业化建设的快速运行

教育部大力加强辅导员队伍建设,将辅导员队伍建设作为加强和改进大学生思想政治教育的关键点、突破点和支撑点。教育部颁布的《关于加强高等学校辅导员班主任队伍建设的意见》《普通高等学校辅导员队伍建设的规定》等文件,推进了辅导员专业化职业化的制度建设。为推进辅导员队伍建设,教育部先后出台了一系列配套措施,对辅导员的角色定位、工作定位、工作职责、素质和能力要求等进行了明确的规定,不断完善辅导员队伍的选聘、培养、考核和发展体系;建立了首批 21 个教育部高校辅导员培训研修基地,营造了辅导员制度发展的良好氛围和有利态势,为各地各高校构建辅导员队伍建设的长效机制奠定了政策基础。尤其值得注意的是,教育部党组把辅导员队伍建设纳入思想政治教育整体规划中,作为思想政治教育整体规划的重要组成部分,制定和印发了《普通高等学校辅导员培训规划(2013—2017 年)》,加大了辅导员队伍建设的支持力度。

教育部不断为辅导员的专业化发展开辟道路,如启动了人文社会科学研究专项任务项目(高校辅导员研究)、全国思想政治教育研究文库、全国高校中青年思想政治教育百人工程计划,以及高校辅导员工作精品项目。教育部还在实施领域为辅导员创设了学术研究平台。2008 年,中国高等教育学会辅导员工作研究会成立。2009 年,辅导员工作研究会创办了集理论性、学术性、资料性为一体的《高校辅导员》杂志,每年都会通过组织辅导员培训、辅导员年度人物评选、辅导员论文评选,开展辅导员技能大赛等方式进一步推进辅导员队伍建设。

在国家的推进下,各地各高校广泛开展了各种形式的辅导员培养培训活动,如上岗培训、研修培训、专题培训、高级培训、高级研修等。各地各高校制定相应的政策措施,推进并激励辅导员专业化发展,如部属高校普遍高度重视辅导员科研工作,为辅导员进行科研课题研究提供经费支撑,为辅导员职务晋升开辟通道。

在国家的重视下,辅导员队伍经过近十年的发展,已经有了翻天覆地的变化。辅导员的政治地位、专业地位和职业地位得到了新的确认,职业形象得到了新的提升,辅导员职业能力发展迎来了新的机遇。

(三)互联网与新媒体技术的新支撑

信息时代为个人自由或自我实现提供了前所未有的机遇与挑战。信息时代经济新模式和职业新形态、社会生活的新特点必然导致个人自我实现的新需求。而个人需求的实现、自我价值的彰显也必须依赖信息社会所给予的有利条件。互联网的发展在给高校思想政治教育和辅导员职业能力发展带来挑战的同时,也带来了新的机遇。互联网及时性、综合性、开放性和虚拟性的特点,给高校思想政治工作带来了新的发展契机。它拓展了思想政治教育的空间,充实了思想政治教育的内容,拓宽了思想政治教育的途径,打破了传统的思想政治教育模式,提高了思想政治教育的工作效率,更新了大学生的思想观念,拓宽了师生交流的渠道。在网络时代,思想政治工作面临着新的环境。

互联网与新媒体的出现也为高校辅导员职业能力的建设提供了新的载体。"互联网+"为辅导员的思想政治工作提供了一个广阔的平台,辅导员可以通过现代网络技术,利用互联网、通信网、办公网等开展思想政治教育工作,积极传播健康向上的思想文化,为大学生营造良好的思想教育氛围。新媒体技术也为辅导员工作模式的创新提供了新的机遇。辅导员可以在新媒体环境下主动探寻信息,通过微信、微博与学生实现信息沟通和思想交流,突破思想政治教育活动的空间和时间局限,推进思想政治教育活动更加便捷、高效。

互联网与新媒体的运用也为大面积提高辅导员职业能力创造了新的机会。知识与技能的网络咨询,培训者与被培训者的视频对话交流、信息沟通,典型案例的网上剖析,学习共同体的网上讨论,培训现场的视频直播,"线上+线下"的混合式教育教学方式,等等,都可以打破传统培训模式的局限,开辟新的辅导员职业能力培养模式。与教育信息化所伴随的教育资源新样态也为辅导员个体开展自我学习、自我提升创设了新的机遇。因此,高校辅导员能力建设必须及时把握这一机遇,积极探索网络时代辅导员职业能力培养的途径和应对措施。

互联网与新媒体的应用还为辅导员职业能力建设与管理提供了新的手段。通过网络信息技术构建新的管理平台,各校辅导员发展状况、教育活动信息、典型经验的交流、各地辅导员建设的制度与机制、辅导员考核与评估、辅导员职业工作成就等均可以在网上一览无余。就个体职业能力的结构而言,辅导员也必须具备信息媒体技术,通过娴熟运用信息媒体技术,创新工作模式,提升工作效率。

在网络信息化时代,透明化的管理、法制化的措施、信息共享的理念正在打破狭隘的小农经济意识、自我封闭和故步自封的意识,改变着人们的思维和行为模式。因此,辅导员职业能力的建设也应从改变观念入手,尊重每一位辅导员的职业地位、人格尊严和发展需求,以开放的心态、公平和效率的意识,积极更新手段,推进辅导员职业能力的建设。

第六章　高校辅导员职业能力提升的实践路径

随着时代的发展和教育环境的变化,高校思想政治教育面临越来越多的挑战。教育对象的多样化诉求、立德树人的办学根本任务和提高人才培养质量的要求,使高校辅导员职业能力提升显得尤为迫切。本章意在立足当前有效解决突出问题,又立足长远,从探讨构建辅导员职业能力提升的长效机制着眼,深入探寻辅导员职业能力提高的路径和保障辅导员能力提升的支撑体系,以促进高校辅导员职业能力建设的健康持续发展。

一、树立辅导员职业能力提升的时代理念

思想政治教育的现代本质,要把人作为思想政治教育的中心、出发点和落脚点,以人的全面发展作为思想政治教育的目的、归宿和根本。辅导员职业能力提升,既离不开辅导员内在的精神动力,也离不开外在的调动辅导员积极性的机制和措施。辅导员的工作是育人,辅导员能力培养同样是育人,要不断更新能力培育的理念,坚持立德树人的根本任务,树立以人为本的发展理念,推进"互联网+"时代的主体建构,才能更好地实现辅导员能力培养的目标。

(一)坚持立德树人的根本任务

高校辅导员的工作使命是立德树人,高校辅导员的职业能力与职业核心素养的培养也应以立德树人为根本任务。2011年10月,教育部在学习宣传贯彻党的十七届六中全会精神重点工作中明确提出要"实施立德树人工程,提高大学生思想政治教育工作科学化水平。培养一批高水平思想政治教育专家,推进辅导员队伍专业化职业化建设"[①]。高校辅导员职业能力的高低是大学生的思想政治觉悟高低和健康发展与否的关键,也是影响我国

---

① 中共教育部党组.中共教育部党组关于认真学习宣传贯彻党的十七届六中全会精神的通知[Z].2011-10-22.

高校教育的质量和水平的重要因素之一。国家、社会、高校、学生对辅导员工作高质量的新要求，解决高校大学生思想政治工作中出现的新问题、新矛盾，需要高校辅导员职业能力不断提升。辅导员以思想政治教育为己任，以育人为神圣使命，其职业工作的特点要求辅导员必须做到德才兼备、又红又专。辅导员的"德"，不是单一的职业道德，而是包容职业情感、职业情操、职业追求、职业作为等在内的职业素养和职业行为模式的高度集合，是辅导员德能勤绩的综合体，是辅导员职业群体忠于党和国家、忠于人民教育事业的反映。辅导员的"德行"既为辅导员个体健康发展所必需，也是辅导员职业群体形象、职业功能作用的体现。因此，辅导员职业素养与能力培养应将立德树人贯穿始终，将"以德为行、以学为上"作为辅导员培养的基石；将构建辅导员职业能力体系，引领辅导员提高思想觉悟与政治理论水平，支持辅导员增长德、才、学、识，扩大技能积累，作为辅导员职业能力培养的基本策略，推进辅导员在育人中不断育己，引领辅导员在立德树人工作中不断超越自己，实现职业能力的发展与精神境界的不断升华。

依据 2004 年中央 16 号文件和 2017 年教育部令第 43 号，根据高校辅导员在立德树人工作中的地位，重新梳理辅导员工作具体职责是科学构建辅导员职业能力体系并进而提高辅导员职业能力的先决条件。本书认为，高校辅导员的职业身份是得到国家规定和认可并列入职业分类大典中的履行高校大学生思想政治教育职责的教师，因其按照党的思想政治工作的任务要求、凭借国家授予的教育权责开展教育与管理而具有鲜明的政治身份和干部身份。从高校工作岗位设置的角度，辅导员是履行教育教学职责的专业人员，属于教学或教学科研型专业人员；从历史演化角度，辅导员是秉承党的思想政治工作优良传统并颇具基础教育阶段班主任教师色彩而创设的具有中国高校特色的专门岗位，其产生与发展与中国特有的意识形态特点和又红又专的人才培养规格紧密联系，而非出于学生事务管理；从育人的职责角度，教师岗位是教书育人，管理岗位是管理育人，工勤岗位是服务育人，因而，辅导员的主要职责是教书育人，而非管理育人和服务育人，但辅导员职责本身具有管理职能，因而其履职行为具有管理育人和服务育人的职责和义务。辅导员的设置丰富和完善了思想政治教育与学科专业教育紧密联结的高校人才培养模式体系，有利于解决学生的发展诉求，促进大学生的素质提高和全面发展。辅导员的工作使命是育人,与学校各职能部门有千丝万缕的联系,共同组成了育人共同体。辅导员应在纷繁复杂的工作中不忘自己的"主业",种好思想政治教育的"责任田"。

(二)树立以人为本的价值取向

以人为本既是一种新的基本理念和新的价值取向,也是一种以人为中心的管理方式。以人为本,就是关注人的价值,尊重、关心和爱护辅导员。坚持以人为本,需要学校管理者褪去权威的光环,尊重辅导员的职责、人格和个性,对辅导员不抱偏见,尊重他们成长和发展的规律,像重视业务学术骨干的选拔培养那样重视辅导员的选拔培养,像关心业务学术骨干的成长那样关心辅导员的成长,为辅导员才能的施展提供广阔的空间。

1.关注辅导员的生命成长。研究辅导员职业能力发展,关注辅导员存在的价值,不能忽视辅导员个体生命存在的价值。辅导员的职业活动与辅导员的生命历程密不可分,辅导员个体职业能力提高的过程实质也是辅导员个体生命存在及发展的价值与社会需求价值紧密契合的过程。教育源于生命发展的需要,关注受教育者生命发展的诉求,不能忽视教育者生命发展的诉求。现实社会变革的需求及辅导员专业化发展的内在呼唤,推动着对辅导员专业成长的生命观照。挖掘辅导员的专业发展意识、能力提升意识,必须关注辅导员的生命意义及发展需求,必须重视激发辅导员的内在生命价值和生命活力。

2.分析辅导员的生活境遇。任何方式的思想政治教育,都要立足实践、面向实践,都应贴近生活、贴近实际。辅导员工作职责既是对辅导员职业群体的宏观要求,也是对辅导员个体工作能力的要求。从实践角度说,辅导员职业能力发展的不平衡,既有主观因素,也有客观环境因素。辅导员职业能力的培养既要立足于社会要求,也要把握针对性,实施差别化、情景化的培养策略。因为不同类型、不同地域、不同层次的高校,其辅导员的工作境遇可能千差万别,具体生活状态、工作样态影响并制约着职业能力的提升。学者刘立柱认为:"个人的存在样态根源于他们进行生产的物质条件样态以及在此过程中结成的社会关系样态。不同物质条件的生产活动造就不同形态的个人存在及其发展状况。这是马克思切入关于人的全面发展思想的逻辑进路。"①因此,研究辅导员职业能力及其培养策略,不能忽视对辅导员生活与工作境遇的关注,即不仅要关注辅导员职业发展的工具意义,更要体现辅导员职业发展的伦理意义,即需求、愿望、生命价值;要从提升辅导员获得感、幸福感,帮助辅导员实现对美好生活的期待的角度,研究相关制度与激励措施,引领和激励辅导员提升职业能力。

3. **助力辅导员的精神追求**。辅导员的精神文化追求与职业能力增长是相融共生、密不可分的关系。思想政治教育是以塑造人的思想政治品质为任务的,因而必然广泛地涉及人的精神世界。对辅导员的政治关爱、工作关爱、发展关爱和生活关爱,成为沟通职业岗位的应然要求与职业能力充分发挥的无形纽带,搭建起社会要求与个体发展诉求之间的桥梁,激励和满足着辅导员的精神生活,丰富着辅导员的精神世界。马克思说:"人作为对象性、感性的存在物,是一个受动的存在物;因为它感到自己是受动的,所以是一个有激情的存在物。激情、热情是人强烈追求自己的对象的本质力量。"②因此,提高辅导员职业能力,消解部分辅导员职业能力薄弱现象,需要从尊重辅导员个体生命成长及丰富精神世界的角度出发,激发辅导员内在的精神动力。

4. **尊重辅导员的主体地位**。首先,应重视辅导员的职业工作。高校辅导员已成为高等教育体系中不可或缺的独立职业群体,是高校大学生思想政治教育的骨干力量,只有对辅导员工作重要性和重要地位认识到位,才能使培育辅导员能力的措施到位,也才能避免相应的政策举措的缺位。其次,需要体现对辅导员主体人格的尊重。辅导员需要具备相应的教育智慧以解决学生的各种思想问题,但教育现象具有复杂性,辅导员的工作也不可能完美无瑕,对工作中出现的问题,应有换位思考,多一分理解、同情与关爱,而不是不管青红皂白一顿训斥。在某些高校,似乎各种涉及学生的事务都是辅导员的责任,而涉及评职称晋级、福利待遇时却较少考虑到辅导员的感受。有关部门在制定辅导员政策措施时,也较少考虑到不同类型、不同境遇

① 刘立柱.马克思人的全面发展思想的历史之维与时代之思[J].改革与战略,2018(9):18.

② 中共中央马克思恩格斯列宁斯大林著作编译局.马克思恩格斯全集:第3卷[M].2版.北京:人民出版社,2002:326.

下的辅导员职业生活及其追求,比如一些全国性的辅导员培训、竞赛活动,对参加者的资格要求是"在编在岗",排斥了民办高校辅导员、人事代理制辅导员的参与。对辅导员的工作价值、发展权益和发展诉求的尊重,既是思想政治教育工作的必然要求,也是对辅导员主体人格的尊重,辅导员职业能力的建设不能也不应该缺少对辅导员主体人格的尊重。

推进辅导员职业能力发展,需要在尊重辅导员劳动创造的基础上进行。人的发展即是人的创造,人的创造离不开思想的指引,离不开精神的驱动。辅导员的能力是职业精神、价值观念、职业技能和专业素养的集合体,能力的增长必然与价值的创造相伴而行。每一个辅导员个体能力的增长都必然在其岗位工作实践中体现,因此,承认其劳动成就,赞赏并奖励其劳动成果必然会激励辅导员奋发向上;反之,则会挫伤辅导员的职业进取意识,打击辅导员的创造热情。比如,有一篇关于高校辅导员队伍建设自查报告的分析文章,在评价辅导员队伍素质时写道:"各个高校普遍反映,由于辅导员队伍普遍缺乏专业知识与技能,对学生发展和学生思想政治教育的客观规律缺乏深入研究,导致'大道理讲不清、深道理讲不透、歪道理讲不倒',工作效果不够理想。"①"普遍反映""普遍缺乏"等字眼说明了该地区辅导员队伍建设存在严重的问题,但调查的信度、评价的依据等令人疑惑。可以认为,全国辅导员年度人物评奖最大的效应,不在于每一位上榜人物如何优秀、业绩如何突出,而是对辅导员职业价值的最大肯定和对辅导员职业形象的最大宣扬,鼓舞着辅导员群体拼搏奋进。

5. 满足辅导员的合理诉求。要建立以尊重为前提,以信任为基础的平等、民主的同事关系,在互相尊重与信任、沟通与合作、体谅与宽容的基础上处理工作关系。要虚心听取辅导员的意见和建议,激发辅导员的积极性和创造性;需要关心关爱辅导员的发展,满足辅导员的合理需要。辅导员在职业发展的不同阶段可能会产生不同的发展诉求,也会有不同的发展困境,有关部门与有关领导不能漠然置之,而应真诚地帮助他们提高素养与能力,帮

---

① 朱玉华,李永山. 安徽省高等学校辅导员队伍专业化建设探索:基于安徽 93 所高校辅导员队伍建设自查报告的分析[J]. 安徽大学学报(哲学社会科学版),2009(6):153 – 156.

助解决工作中的难题以及在分流、转岗、晋升等方面的问题,确保他们的基本权利得到保障,增强辅导员的职业价值感和职业归属感。

6.改善辅导员的工作环境。坚持以人为本的发展理念,需要热情支持辅导员的专业发展,努力创造良好的政策环境、工作环境和生活环境,使他们工作有条件、干事有平台、发展有空间。在改善辅导员工作环境上,应尽可能为辅导员提供各种学习与进修提高的机会,支持辅导员外出学习培训,在职进修提高学历层次;努力搭建辅导员专业能力发展的理论与实践平台,通过校本培训、校本训练、校本科研推进辅导员的专业成长。在国家与社会层面上,通过组织各类辅导员培训活动、技能竞赛活动、专项课题研究等为辅导员专业成长和成果的展示提供新的平台和机遇;通过网络信息、新闻媒介、学术专刊等载体宣传辅导员工作的意义、职业工作价值、辅导员职业形象,推进社会对辅导员的职业认知,广泛营造辅导员发展的良好社会氛围。

改善辅导员工作环境,需要创设团结、和谐、宽松的人文环境。辅导员个体的发展,需要一个相互支持、相互体谅、团结协作的集体。和谐、友善、融洽的人际关系,会使人心情舒畅,在友好合作、互相关怀中愉快地进行工作。办学层次越高的学校,辅导员的工作环境氛围越好,越利于辅导员职业发展。在辅导员纷纷要求调整岗位的高校,除激励机制不够良好外,令人不快的辅导员发展的人文环境也是其中的重要原因。

改善辅导员工作环境,需要创建完善的辅导员发展的保障机制,解决辅导员最为关心的问题。保障机制包括物质的和精神的激励机制、目标责任与工作绩效的考核机制、解决晋职晋级问题的政策机制、保证基本权益的法治性的制度机制。从某种意义上说,关于辅导员发展的政策机制的制定与组织落实情况反映了一所高校是否从思想上真正重视思想政治教育,也是对该校领导政治站位、政治态度和领导水平的务实性考量。

(三)塑造信息时代辅导员形象

辅导员职业能力的提升,在本质上是辅导员主体的一种自我完善、自我超越的过程。在"互联网 +"时代,信息技术以不可抗拒之势全面地影响着辅导员的专业生活和专业发展,不能适应时代需要的将逐渐被时代淘汰。近些年来,随着大数据技术的兴起与应用,教育正面临着全新的机遇与挑战,教育与大数据同行,将会为我们呈现科学化、精确化、智能化、个性化的美好教育图景。辅导员能否尽快实现从信息技术应用能力发展向信息素养养成的方向转变,重塑辅导员形象,实现新的超越,是对辅导员职业素养与能力的考量。

1. **在信息时代,辅导员职业能力提升的核心是主体建构,即辅导员要塑造自我,高扬自我的主体地位**。辅导员要塑造自己,打造自己的主体品牌,实现职业发展,必须培养主体意识和能力。辅导员必须为自己的日常生活注入新的意义,认识自我存在的价值,赋予自己真正的主体角色。用自身的道德判断、道德自觉、道德整合与自我发展,推进道德人格的自我完善。要实施自我筹划、心志的自我锤炼、工作的自我创造与拓展,提升自己的进取意识、责任感和自我效能感。辅导员应坚持"四个自信",明确"四个认识",筑牢迎接挑战的思想理论根基。

2. **网络平台和现代技术手段是辅导员能力提升的重要依托**。辅导员要获得能力的提升,需要在充分考虑时代特点基础上进行系统的能力架构。辅导员充分利用网络平台,收集和整理教育新资源信息,实现更大范围的信息交流。教育资源越是丰富,越是需要辅导员以强烈的自我意识和鲜明的主体立场来引导和规范自我的实践。辅导员能力提升的目的和方向是为学生的发展服务、满足学生发展需求。辅导员从丰富的教育资源中发现和体会教育的内在规律,明确自身的优势和不足,从而更好地规划职业发展前景,优化自身的能力结构。

3. **持续的反思和改进是辅导员职业能力提升的基本策略**。互联网、大数据、人工智能的加速发展,改变着教育生态,推动着信息传播方式、学习方式、管理方式、教学方式的变革。辅导员应专注于自身的日常教育活动,从宽广的信息交流和丰富的实践活动中及时捕捉反馈信息,实施教育教学理念的更新、教育教学的创新,不断修正能力的结构,丰富能力的内涵,从而实现能力的持续提高。

4. **信息技术给教育带来全方位的改变,推动着辅导员不断提高素质与能力**。随着技术与教育融合的不断深化、学习方法的革命、学习空间的再造,教育对象的个性化发展、教育管理结构的变迁推动着辅导员开阔教育活动视野,破除传统的思维范式和行为习惯,敢于走出旧的教育研究沼泽地,不断探索思想政治教育规律、高素质人才培养规律,迈入智慧型人才的培养行列。

5.辅导员应做自觉的教育者,其专业素养应具有生命自觉与教育自觉。在学习化社会,辅导员应是自觉学习者,不断学习教育思想理论。辅导员应是先进思想文化的自觉传播者,党执政的坚定支持者,社会主义核心价值观的坚定信仰者、积极传播者和模范践行者。辅导员应自觉地把习近平新时代中国特色社会主义思想转化为培养学生全面发展的生动实践。辅导员应是道德自觉者。班华指出:"其他行业的职业道德是做好本职工作的前提条件,但并非是其专业或工作的构成因素。与此不同,师德不仅仅是做好教育工作的前提,而且是宝贵的教育资源,是教师专业的构成部分。""师德对教育劳动有特殊意义,教师应做自觉教育者,其专业素养应具有生命自觉与教育自觉,其中包括道德自觉。"①作为教师,辅导员应充分发挥师德这一宝贵教育资源的作用,自觉地运用自己的教育智慧,实施教育创造,与学生共同享受教育的快乐和成长的幸福。

二、确立辅导员职业能力提升的宏观策略

(一)完善辅导员职业工作体系

1.辅导员工作的基本模块。研究辅导员职业能力提升,不能脱离辅导员的职业工作实际,应首先从研究探讨辅导员工作内容模块起步。依据2017年教育部令第43号提出的辅导员工作的要求和主要工作职责,辅导员实际工作模块主要包括以下内容:

(1)主题教育。以思想政治教育和价值引领为主旨的各类主题教育。

(2)党团工作。组织或指导党团工作、学生先进分子培养等。

(3)品德培育。以学风、班风、遵纪守法为重点的道德品行培育工作。

(4)资助帮扶。以"扶志""扶贫"为要点的资助育人工作。

(5)校园文化。以培养科学与人文素养为目标的校园文化活动。

(6)社会实践。以组织社会调查、志愿服务为中心的各类活动。

(7)日常管理。各类基础资料的建档、统计,以及班级管理等。

(8)个性化服务。个别指导、思想疏导、关注特殊群体、特殊事情处

---

① 班华.师德:宝贵的教育资源[J].中国德育,2017(17):1.

理等。

上述 8 个模块,基本涵盖了辅导员主要职责范围内各类有形与无形的工作。需要特别说明的是:

第一,思想水平、政治觉悟、道德品质、文化素养等 4 项内容,在实践操作层面体现为有形的与无形的两类,有形的如专题教育等,而许多无形的教育隐含于各项具体工作中。在主题教育中,有思想政治教育、道德品质教育、文化素养教育等重要内容,也有学生入学教育、毕业教育、就业教育、心理健康教育等内容。

第二,党团活动,包括学生先进分子培养,因辅导员担任的职务与分工不同而不同,例如团委书记、党委副书记、学工部长等与一般辅导员存在工作差异。党团组织应按章程办事,加之受党员数量及学生党支部设置等方面的影响,因此未必每个辅导员都实际承担着相同的任务。

第三,道德品质教育,主要依据各项活动载体来体现,其中包括组织纪律检查,以及相关活动的反馈了解、个别谈话交流等。

第四,校园文化教育,主要体现为指导学生组织如班级、学生会或学生党团组织开展相关活动。

2. 辅导员工作的运行模式。由辅导员工作模块可见,8 个模块中,集中性的思想教育、政治教育应列入主题教育的重要内容之中,除资助帮扶、个别指导服务、常规文档管理等,均可以专题或主题教育方式进行。为突出思想政治教育、理顺工作体系,可以在运行模式上做以下尝试。

思政教育课程化:将思想教育、政治教育、形势任务教育等列成若干规定性的专题,由辅导员组织实施,并且将其纳入学校的课程教学管理之中。此举既有利于提高辅导员的理论水平,也推进了思想政治工作的理论与实践结合。

日常管理程式化、标准化:将奖学金、助学金评选等列入程式化管理,将学生自然情况等相应档案资料(包括影像)提前进入辅导员教育资料库,将班级或专业学习的相关组群的学习表现和学业成就列入相关数据库。

道德教育常态化:将重要节日、纪念日安排列入年度工作日程,将班会等活动纳入常规管理。通过各种主题活动提高道德品质教育的实效,以丰富、合理的方式激发大学生的道德情感,培养大学生的道德意识,引导大学生进行道德实践活动。

研究辅导员职业能力提升必须依据辅导员的主要工作内容。辅导员职业能力如政治方向的引导能力,思想价值的引领能力,教育活动的设计、实施与指导能力,法律法规与方针政策的宣传、解释和贯彻执行的能力,道德品行的培育能力,组织管理能力,语言表达能力,人际沟通和交流能力,调查研究能力,信息技术应用能力,创新能力,知识更新和迁移能力等也需要在工作实践中不断提升。

(二)开阔能力提升的战略视野

1.辅导员职业能力提升要与高等教育"内涵式发展"紧密呼应。 习近平总书记在北京大学座谈时指出:"当前,我国高等教育办学规模和年毕业人数已居世界首位,但规模扩张并不意味着质量和效益增长,走内涵式发展道路是我国高等教育发展的必由之路。"[1]坚持高等教育内涵式发展道路,首要的内涵就是,高校必须始终坚持正确的政治方向不动摇,始终坚持党对高校工作的全面领导不动摇。内涵式发展的根本就是立德树人、发展素质教育。内涵式发展的核心就是质量和效益,高深知识的发展水平和社会贡献力是高等教育质量和效益的重要考量。辅导员职业能力的提升必须致力于培养社会主义建设者和接班人,服务于社会主义办学方向,服务于高素质人才培养。要实现辅导员职业能力的提升与高等教育"内涵式发展"紧密呼应,必须考虑到不同类型高校的办学特点和人才培养的内涵差异。有学者指出:"当前的德育改革和实践迫切需要确立以下几种意识,即坚定的使命感和责任意识,文化方向的选择和价值反思意识,现实的校情和学情意识,专业的路径和方案意识。"[2]对辅导员具体工作环境及职业能力的考量,不能忽视与具体校情的接轨。

根据有关学者研究划分,目前我国有研究型高校和应用类高校两大类型,其中研究类高校分为综合研究型高校、特色研究型高校,应用类高校分

① 习近平.习近平在北京大学师生座谈会上的讲话[EB/OL].(2018-05-02)[2022-12-01].http://jhsjk.people.cn/article/29961631.

② 唐汉卫.学校德育改革应该确立的四种意识[J].教育研究,2017(6):27-31.

为应用通用型高校、应用技术型高校、应用技能型高校。① 按办学层次划分，高校可分为本科院校和高职高专院校。建设世界一流大学的研究型高校与实施产教融合、校企合作的技术技能型高校在办学功能定位、教育资源配置、师资队伍水平、教育科研水平、人才培养方向等方面显然存在若干差异，这些差异必然影响对辅导员职业能力素养的要求以及辅导员职业能力成长的环境。因此，辅导员职业能力的提升，应根据不同学校的实际，与学校的办学内涵相契合，因地制宜，因势而变，实施差异化培养、差别化发展策略。

2. 辅导员职业能力提升要与教育法治化建设同行。党的十八届四中全会提出建设中国特色社会主义法治体系、建设社会主义法治国家的总目标。党的十九大明确提出了建设社会主义法治国家、坚持依法治国和以德治国相结合的基本国策。教育法治化是 21 世纪我国教育发展的必然趋势，是现代化教育的主要特征。为全面推进依法治教，教育部下发了《依法治教实施纲要（2016—2020 年）》②，促进教育治理体系和治理能力现代化。

辅导员职业能力提升需要依据相关法律法规。辅导员工作要在法律法规所允许的范围内实施。辅导员只有充分尊重学生的人格尊严、合法权益，理解学生的合理诉求，才能更好地实现教育的目标。同理，只有尊重辅导员的人格与职业尊严，尊重辅导员的合法权益并满足其合理诉求，才能促进辅导员职业能力的提高。

规范辅导员的职业行为是促进依法治教的保障。为防止辅导员滥用职权，有利于实施考核奖惩，有必要把辅导员的职责和权利具体化、法治化，界定权利和义务的联系与区别，划定工作实践中的责任主体，保证辅导员教育教学行为的健康进行。对辅导员的管理直接涉及高校教育管理的改革，应按照"职能科学、权责法定、执法严明、公开公正、廉洁高效、守法诚信"的要求，健全辅导员管理体系，正确区分行政管理与业务管理、干部管理与教师管理、思想政治工作管理与学生事务管理、直接管理与间接管理的界限，健全法律规范的实施与监督机制。

---

① 李立国,薛新龙.建立以人才培养定位为基础的高等教育分类体系[J].教育研究,2018(3):62-69.

② 中华人民共和国教育部.教育部关于印发《依法治教实施纲要(2016—2020年)》的通知[Z].2016-01-11.

规范师生的行为,保障师生的权益和发展诉求,需要建立学校法律服务和支持体系。将学生的自我管理、自我约束与辅导员的指导、关心、服务有机结合起来,强化规则意识,倡导契约精神,弘扬公序良俗,实践法治的育人功能。需要从法治角度健全保障机制,提升辅导员的获得感、幸福感和荣誉感,真正让辅导员成为令人羡慕的职业岗位。

3. **辅导员职业能力提升要与教育信息化融通共进**。2018 年 4 月,教育部印发的《教育信息化 2.0 行动计划》标志着教育信息化的升级。该文强调:"必须聚焦新时代对人才培养的新需求,强化以能力为先的人才培养理念,将教育信息化作为教育系统性变革的内生变量,支撑引领教育现代化发展,推动教育理念更新、模式变革、体系重构,使我国教育信息化发展水平走在世界前列,发挥全球引领作用,为国际教育信息化发展提供中国智慧和中国方案。"①教育信息化的推进,要实现从专用资源向大资源转变,从提升学生信息技术应用能力向提升信息技术素养转变,从应用融合发展向创新融合发展转变,必然引起人们的技术素养观、教育技术观、思维类型观的大转变,必将推进学习模式、教育模式、管理模式、交往模式的新一轮变革。教育信息化的快速行进,推动和催生着人的潜力升级。只要占有能力发展的资源,取得能力发展的基础条件,每个人都可以在具体的社会时空结构中自觉从事生产和创造性活动,自由选择并积极发展作为"人"的全部潜能和全部关系。

在人工智能、大数据、互联网、物联网等新兴技术的作用下,教育生态正在呈现新的变革,辅导员职业能力的提升也必须与之相适应。因此,辅导员既要加强信息技术素养的升级换代,也要适应新的大平台、大数据、"互联网+政务服务"、"互联网+教育"下的形势变化,组建新的工作共同体、学术共同体,开展互动式学习与研究,就共同关心的课题开展加强专业能力提高的对话,交流意见,进行思维碰撞,共享知识与经验,共享体会和工作乐趣。

(三)筑牢能力发展的理论根基

感觉只解决现象问题,理论才解决本质问题。理论是人们思想和行为

---

① 中华人民共和国教育部. 教育部关于印发《教育信息化 2.0 行动计划》的通知[Z]. 2018 - 04 - 13.

的根据,理论上的成熟是政治上成熟的基础,理论功底也是决定职业能力高低的重要因素。拥有深厚理论功底的人,容易对事物形成正确、深刻的认识,也能够透过事物的现象看到本质,并准确研判事物发展的方向,制定出科学的决策,有条不紊地展开工作,减少工作中的失误。辅导员的职业工作、辅导员的能力发展需要扎实的理论功底,这种理论功底既体现为对马克思主义尤其是马克思主义中国化理论的深刻理解、对中国特色思想政治教育理论的深刻把握,也表现为辅导员较高的思想政治觉悟和分析问题、解决问题所具有的理论思维能力。

1.思想政治教育工作内涵要求辅导员必须有坚定的马克思主义信仰,用马克思主义的历史唯物主义和辩证唯物主义观点、方法分析问题。 辅导员要理解和把握人类历史发展规律、社会主义建设规律和共产党执政规律,不断增强对马克思主义的理论自觉。辅导员必须具备正确的政治观点,鲜明的政治立场和政治态度,良好的政治品质,良好的世界观、人生观、价值观和道德人格,对以习近平同志为核心的党中央衷心拥护,对习近平新时代中国特色社会主义思想高度认同,成为马克思主义的忠诚信仰者、社会主义核心价值观的践行者、党的思想政治教育工作任务的贯彻执行者和高质量完成者。

2.思想政治教育工作职责要求辅导员谙熟中国特色的思想政治教育理论。 辅导员应认真学习领会、全面准确把握习近平总书记关于教育的系列重要论述的科学内涵和精神实质,深刻理解和把握党对教育事业全面领导的根本要求,坚持优先发展教育事业的战略部署,坚持社会主义办学方向的政治原则,深刻理解和把握坚持深化教育改革创新的鲜明导向,明确立德树人根本任务、培养德智体美劳全面发展的社会主义建设者和接班人的伟大使命。掌握遵循思想政治工作规律、教书育人规律、学生成长规律,自觉提高教育情怀、职业情怀,不断提升教育自觉的境界。

3.育人的实践要求辅导员具备较高的理论思维能力和水平。 马克思说:"理论只要说服人,就能掌握群众;而理论只要彻底,就能说服人。"要增强教育的说服力、感染力,就要加强理论研究。辅导员应学会和掌握理论思维,包括战略思维、创新思维、辩证思维、法治思维、底线思维,树立历史的、哲学的、开放的、创新的思维观念和思维方式。具有战略的辩证的历史发展的思维,才能引导学生正确认识世界和中国发展大势、正确认识中国特色和国际比较、正确认识时代责任和历史使命、正确认识远大抱负和脚踏实地,才能不断保持对国史、党史的高度自信,对客观真理的深邃探索,对美好梦想的执着追求,体现着对时代精神的高度自觉。树立开放式思维、创新思维,就是要有不畏艰难、敢于尝试的求索精神,勇于探索真理的胸怀与气度,不断开展教育的思想创新、理念创新、方法技术创新和模式创新。

提高理论思维能力和水平,最根本的就是坚定理想信念,增强对中华民族伟大复兴的中国梦的思想自觉和行动自觉,不断增强"四个意识",更加坚定"四个自信"。

4. 提高理论水平是思想政治教育工作的本质要求。辅导员的专业素养是指从事辅导员工作所必备的特质,包括辅导员专业精神、价值观念、专业态度、专业伦理、专业知识、专业技能等。在一定意义上,辅导员的专业素养即辅导员的职业能力,辅导员的理论水平则是辅导员专业能力的重要体现。扎实的思想政治教育理论无疑是提升辅导员核心能力即思想政治教育能力所必需。辅导员深厚的理论根基源于对教育事业的一片赤诚,源于对思想政治理论的深入钻研,源于对思想理论问题的多年浸润和对教育实践问题的领悟。入职的辅导员并不意味着已经具备了较高的思想政治教育理论水平,要提高思想政治觉悟与理论水平,必须按照习近平总书记的要求,着力在坚定理想信念、厚植爱国主义情怀、加强品德修养、增长知识见识、培养奋斗精神、增强综合素质上下功夫,培养一代又一代拥护中国共产党领导和我国社会主义制度、立志为中国特色社会主义奋斗终身的有用人才。

三、拓宽辅导员职业能力提升的实践路径

随着时代的发展和社会的进步,高校思想政治教育工作面临着新的问题、新的矛盾、新的要求。高校辅导员职业能力建设也必须依据时代给予的条件和提出的要求,因势而变,积极拓宽实践路径。

(一)完善辅导员职业能力培训体系

高校辅导员职业培训是提高辅导员职业能力的关键措施和重要实践路径,也是推进辅导员专业化职业化发展的重要渠道之一。世情、国情的发展变化,高等教育大众化进程的加快,中国高校思想政治教育工作的复杂性、

特殊性和艰巨性,要求系统构筑和不断完善符合中国高校特点的辅导员能力培训体系。

1. 构建职前与职后一体化的培养培训体系。 从我国高校设置思想政治教育专业并招收本科生、研究生之日起,辅导员职前教育就纳入了我国高等教育的重要议事日程,而高校实施的辅导员入职前的岗位培训则进一步彰显了辅导员职前培养的实践形态。进入 21 世纪以后,教育部以创新培训方式为手段,以提高培训质量为目标,不断加大辅导员职后继续教育的力度。教育部组织实施的《2006—2010 年普通高等学校辅导员培训计划》①、《普通高等学校辅导员培训规划(2013—2017 年)》②,从国家层面上实施了辅导员职后培训的顶层设计,既为建立高校辅导员职前职后一体化培训体系开辟了道路,也为提高辅导员职业能力、促进辅导员专业化职业化发展提供了政策和制度保障。

学界关于高校辅导员职业能力现状及职业能力建设现状研究表明,许多辅导员入职前所学专业知识与现任岗位工作所需专业知识之间存在极大的不匹配,严重影响了辅导员职业能力的提升。这种样态既给人们在辅导员入职资质研究上带来了两难抉择,也给研究辅导员培训的针对性带来了困扰。问题的根源可能是多方面的,既有辅导员职业岗位的特殊性问题,也有职前教育与职后教育的差异。就专业资质而言,如果选择人文社会科学类的相关专业,对研究思想政治教育理论与实践当然有利,但也存在许多问题,比如,对理工类高校和理工类专业而言,如果辅导员所学的专业与学生所学的专业具有相同或相近性,则对了解学生实际、指导学生学业、指导学生就业可能更有裨益,或有利于以后转为专业课教师。比如,辅导员具有双重身份,既是教师,也是干部,对干部或对管理工作而言,并无专业限定,许多优秀辅导员也并非思想政治教育专业出身。就辅导员职业能力提高而言,应重点放在职业培养培训和实践中自我提高、自我完善上,而不是过于强调专业的对口与否。

---

① 教育部办公厅.教育部办公厅关于印发《2006—2010 年普通高等学校辅导员培训计划》的通知[Z].2006 – 07 – 30.

② 中共教育部党组.教育部党组关于印发《普通高等学校辅导员培训规划(2013—2017 年)》的通知[Z].2013 – 05 – 03.

辅导员职前培训是指为辅导员就职所进行的基本理论知识和技能培训。在一些公办高校,入编的新教师或辅导员都要根据人事部门的安排进行入职培训。培训内容主要根据辅导员的职责和工作基本要求,实施思想政治教育和职业道德教育,培养其工作的热情和责任感,教授或传递相关基础理论知识和基本工作技能,增强运用相关学科知识和技能处理和解决实际问题的能力,提高胜任岗位工作的能力和本领。然而,由于受职前培训重视程度、培训机构师资水平以及对具体岗位、具体人员基本素养了解程度等因素的制约,一些辅导员职前培训的效果很难评估。提高辅导员职业能力,不仅要重视职后培训,也应格外关注职前培训的过程和效果,研究职前培训与职后岗位培训之间的关联度,增强对辅导员职前培训的检查、考核与评估。

推进辅导员职业化发展和完善辅导员知能结构,需要加强职前培养与职后培训的有机联结。从提高辅导员学历和培养专家型辅导员角度,应不断扩大辅导员攻读研究生,尤其是攻读博士研究生比例;从培养高素质思想政治教育人才角度,应在部分高校双学士学位设置中扩大思想政治教育专业学士学位选项,在选修课中增设思想政治教育、领导科学等。在职后培训中,应以思想政治教育工作为核心和主线,不断强化培训和训练,夯实专业理论知识,注重实践能力,以丰富和完善辅导员的知能结构,让思想政治教育真正成为辅导员的专业理论和专业实践。

2.完善国家、社会、高校一体化的培训组织体系。高校辅导员职业素养与能力建设需要完善一体化的培养组织体系,只有推进国家、社会、高校三级辅导员培训组织与培训功能的一体化发展,才能最大化地实现培训效益。建立国家、地方、高校一体化的组织体系,就是要实现国家教育部门的宏观部署与省、市级教育行政部门的中观运作,高校层面的微观操作的和谐统一;就是要探索建立分工明确、责任清晰、协同协作、同向同行、互通互联、运行有序的管理机制。

2007年7月,教育部公布了首批21个高校辅导员培训和研修基地。按照教育部要求,各省(自治区、直辖市)也纷纷设立省级高校辅导员培训和研修基地,组织开展辅导员知识、技能、道德、素养等的培养;构建了理论与实践指导相结合的培训专家库,努力满足辅导员接受高层次培训的需要;高校辅导员的各类培训逐步展开,包括高校辅导员岗前培训、日常培训、专题培训的培训体系正在形成。

要提高辅导员队伍的整体能力,必须将辅导员能力培养形成上下统一的意志和行动。国家高度重视辅导员队伍建设,并通过一系列政策措施推进辅导员职业培训,但在实施中,需要进一步完善国家、地方和高校的三级培训组织体系,组织实施对辅导员的全员培训,促进理论与实践的对接、实践成果的转化。教育部门应强化辅导员队伍建设的顶层制度设计,在示范培训、骨干培训上不断总结,加大对可复制、可推广的辅导员培训经验的扶植力度,合理开发和使用教育资源,使不同类型、不同层次的高校辅导员平等地获得参加高层次培训的机会。高校辅导员的校本培训是三级培训组织体系中极为重要的组成部分。从某种意义上说,辅导员职业能力的高与低、辅导员工作环境的好与坏,在很大程度上取决于辅导员所在高校尤其是该校领导的重视程度。应加大对辅导员职业能力培训工作的检查、考核与评估,尤其是要扫除"自查自检"的形式主义弊端,组织力量真正抽查一些高校的辅导员队伍建设,促进相关政策的完全落地、落实、落细。

3.不断丰富辅导员能力培训的教学体系。辅导员能力培训的教学体系包括培训的内容体系、课程与教材体系、教学方法手段与模式体系以及教学效果的考核评估体系。推进辅导员专业化职业化发展,需要加强对辅导员培训内容与培训过程的科学化探究,不断完善培训内容上的理论与实践紧密结合的一体化设计,不断丰富基于能力发展的一体化素养提升与技能训练计划,不断加强教学过程与教学资源的规范化建设,探索建立优质课程资源、优质教育资源与培训平台效益发挥的最大化,满足一线辅导员能力发展的公共性服务需求,使每类专项培训有章可循、有规可依、有据可查;不断改革与创新教学方式方法,通过实践教育、学术研究、挂职锻炼、学习考察、海外考察培训、校际交流、互派访问学者、联合举办讲坛、网络培训平台等多样化的形式,创设便捷灵活和个性化的学习环境,满足不同类别辅导员的学习和能力发展的需求;不断总结与完善辅导员素养与能力培训的模式体系,加速推进国家、省(自治区、直辖市)、高校三级培训组织体系的紧密联结与融通,协同协作,建立日常培训和专题培训相结合、中长期学习与短期培训相结合、学历教育与在职培训相结合、国内培训与国外研修相结合的分层次、分类别、多渠道、多形式的培训格局。

4.统筹谋划辅导员职业能力提升的实施方案。辅导员职业素养和能力的提升既需要高屋建瓴整体设计规划,也需要具体而微地研制实施方案。如对具体的学校而言,不仅需要深入理解与把握国家的培训计划或培训规划,还要结合本校的实际,全面统筹办学治校各领域、教育教学与管理各环节、思想政治教育各方面的育人资源和育人力量,从整体上构建一体化的具有可操作性的辅导员能力培训规划与实施方案。

辅导员职业能力培养的实施方案,既要有重点突破,也要有全面推进;既要遵循教师能力发展的一般规律,又要考虑到辅导员职业发展的特殊规律,比如优秀辅导员的黄金时代与学科优秀教师的黄金时代存在若干差异,这可以从辅导员年度人物评选和职业技能竞赛中看出端倪;既要依据辅导员职业群体的一般发展需求,也要针对不同办学层次、不同发展境遇下辅导员的不同诉求,探索解决辅导员能力发展不平衡和不充分问题的需要。

辅导员能力培训的过程设计应体现技能体系与学科知识体系的有机联结。从现行辅导员培训规划要求看,辅导员专业素养建设的科学文化知识体系涵盖的一级学科多达12个,从建立辅导员专业学科知识结构角度,知识的整合以及形成独特的专业学科体系显然有待探究;上岗培训与日常培训、专题培训在知能培养内容上,需要交叉、递进及深化的内容有待探讨。据媒介报道,在全国辅导员骨干培训或专题培训的内容中,一些专题的设置和大尺度、大跨度、立意新颖的专题报告很受欢迎,但也只能从某种角度上启迪辅导员的思维,希图通过一两次专题培训,尤其是在学时有限的情况下让辅导员接受更广博的系统化的专业知识显然是不现实的,恐怕还需要辅导员自身的潜心钻研。某些专题培养,主题还应集中一些,不应主次不分地冲击辅导员核心能力的培训,造成辅导员职业核心能力培养培训的中心不明确。

(二)提供辅导员职业能力发展优质服务

辅导员职业能力,尤其是核心职业能力,是在工作过程中形成的。核心能力的培育,既是外部灌输式培养、技能化训练的过程,也是辅导员个体自我学习、自我训练、自我反思的过程,更是内部积累与外部获取相结合、内部要素能力与外部工作平台交相融汇而不断建构的过程。研究辅导员能力提高的实践路径,重点不是指向辅导员应该怎么做,而应指向我们应该为他们的发展提供什么。

1. 创造条件,推进辅导员能力的实践养成。 思想政治教育的本质是实践,辅导员职业能力提高的关键也是实践。高校是辅导员开展各项工作所依托的平台,是提高专业技能的训练场。高校可以根据具体校情来开展有针对性的辅导员职业能力培养活动,通过以老带新、榜样示范、典型引路、案例分析、专题研讨等方式,打造优质的校级辅导员职业能力培养平台,营造高校辅导员职业发展的良好氛围,提高辅导员的专业技能,提高辅导员分析问题、解决问题的能力,提高辅导员的职业认同感、责任感和职业进取意识。引导辅导员深入实际调查研究,搜集工作案例,建立自己的职业能力培养资料库,在实践中理解思想政治教育的意义,领悟思想政治教育的真谛。引导和督促辅导员"做中学",统筹工作过程与学习过程,将工作过程学习化,学习过程工作化。辅导员的专业学识与专业技能需要组织培养与实践养成。国家及各地开展的高校辅导员职业能力大赛表明:以赛带训式的辅导员能力竞赛活动,从理论水平到解决问题能力,从文字表达力到思政工作艺术,使辅导员的职业素养得到了全面历练与提高。有辅导员领悟:"最大的收获,不是比赛成绩,而是在准备比赛过程中的积累与提升。"

2. 目标分类,引领辅导员多样化专业发展。 高校应建立辅导员职业能力培养的动态目标体系。走多样化发展道路,是稳定骨干队伍、建立职业认同、完成经验积累和传承的必由之路。学校要根据辅导员职业发展的不同阶段、专业发展的不同层次、专业背景的不同走向、对职业发展前景的不同诉求,帮助每一位辅导员建立层次不同、各具特色的职业发展规划,引导辅导员职业能力多样化发展。确定骨干辅导员、专家型辅导员、双肩挑辅导员等不同的发展目标,支持辅导员通过不同的发展道路开辟职业前景,如鼓励辅导员兼任思想政治理论课或开设形势政策课,鼓励辅导员开展学术交流等,引导他们将个人前途与队伍建设的整体目标结合起来。

3. 搭桥铺路,提升辅导员的核心职业能力。 学校应积极搭建理论学习、业务培训、素质拓展、技能竞赛、实践锻炼、外出研修等平台,为广大辅导员从业、敬业、乐业提供坚强支持和可靠保障。通过高校的文化底蕴,丰富辅导员的知识,拓宽理论视野。通过组织参加新时代辅导员典范、优秀辅导员团队的创建活动,弘扬高尚的师德,感召和引领广大辅导员,全面提升高校辅导员思想政治工作的质量和水平。

辅导员的专业素养是辅导员职业能力发展的前提和基础,也是辅导员职业发展的内在驱动力和根本保证。辅导员职业能力建设不仅要重视专业精神和专业道德的建设,更要关注和支持辅导员增长专业学识与专业技能的积累。贵州师范大学邱尹博士认为,高校辅导员的专业化职业化发展,不仅要解决高校辅导员主体的物质和制度性保障,还要解决辅导员的核心素养发展,而核心素养的提升才是积极应对大学生思想政治教育需求的根本,这一矛盾的解决最终又会促进高校辅导员专业化职业化的发展和稳定。①高校辅导员职业素养是在践行工作职责过程中形成的,是一种"积累性学识",也是其他工作岗位难以具备和难以模仿的关键能力。辅导员在育人的功能发挥中,无时不依托专业学识与专业技能的积累,依托长期形成的文化底蕴。

辅导员的专业学识本身就是一种人文积淀,是古今中外人文领域基本知识和成果的积累,蕴含着认识方法、实践方法、审美情趣和科学精神。辅导员的专业技能既是一种经验知识,也是一种文化积累现象。从辅导员专业知能的传承与积累角度说,走马灯式的人员变换、以锻炼为目的的经历式岗位任职、以加强管理为目标的学生事务指向,难以体现辅导员职业存在的专业性价值,也难以积累辅导员职业能力的人文底蕴,不利于凸显辅导员职业发展的良好前景。热情地支持辅导员增长专业学识与专业技能的积累,既要支持和帮助新入职辅导员完成"技能模仿—实践领悟—创新发展",也要支持和扶植一线专职辅导员骨干的成长与发展,就是要创造一切可能的条件,帮助辅导员实现职业能力的提升。国家所实施的骨干辅导员培养、辅导员专项课题研究、辅导员访问学者计划等都是在扶植思想政治教育高端人才,推进着辅导员专业知能的传承与发展。

4. 创新途径,加强网络思想政治教育工作。加强网络道德建设,引导和规范辅导员正确使用网络工具,强化网上言行的法律意识和责任意识。通过网络掌握高校思想政治理论动向和网络舆情,及时发现问题,有效应对涉

---

① 石丽琴,梁燕.深化新时代思想政治教育规律研究 探索高校辅导员核心素养发展实践指向:2017 年全国高校辅导员发展专题研讨会综述[J].广西师范学院学报(哲学社会科学版),2018(1):125 – 128.

及辅导员的舆论事件。充分运用互联网和新媒体手段,主动占领网络思想政治教育工作阵地,积极搭建辅导员网络教育服务平台,提升运用网络和新媒体手段开展辅导员思想政治教育工作的能力。积极培育辅导员提高运用网络技术,创新大学生思想政治教育工作。

(三)引领辅导员大力提升学术研究素养

创建世界水平的大学,需要较强的科研竞争力。一个国家的大学科研水平,是一个国家综合国力的体现,反映着这个国家科技、教育和文化发展水平。中国高等教育走向世界,创建开放、包容、高水平的国际性大学,需要打造具有中国精神、中国气派、中国品格的思想政治教育模式。塑造高校科研竞争力,不仅需要专业学科教师和科研工作者的努力,也需要辅导员在教育科研上的学术张力。发挥辅导员的职业功能需要辅导员的研究能力,彰显辅导员的职业形象需要辅导员的学术作为。因此,引领辅导员大力提升学术研究素养具有多重意义。

1. 提升辅导员职业能力迫切需要科研引领。辅导员的研究能力既是基础性能力,也是发展性能力,更是职业核心能力的关键要素。不断变化的教育情境、错综复杂的教育问题,需要辅导员具备问题分析能力、调查研究能力,创新思想政治教育工作需要辅导员以研究能力为支撑。研究与辅导员职业工作具有天然的不解之缘。思想政治教育本身是一门注重应用的学科,关注的是现实问题,研究的也是现实问题,而辅导员在思政领域有着先天的优势,有着大量实践的机会。因此,引领辅导员开展教育科研,可以开阔理论视野和学术眼界,把辛苦转化为成果,把经验上升为理论,在攀登科研高峰的进程中,增长能力水平,引领职业发展方向。

2. 以课题研究为抓手,提升学术研究力。可以认为,辅导员的思想政治教育水平既是一种教书育人的水平,也是一种学术研究的水平。辅导员的政治敏锐度、政治鉴别能力、价值引领和思想引导能力源于对党的方针政策路线的深沉理解,源于对教育问题的认真思考和冷静判断,源于对教育经验的积极吸纳和实践反思。育人的使命要求辅导员必须在实践中研究,在研究中实践,辅导员职业能力的发展也总是与问题的研究结伴而行。高校的文化底蕴、学术氛围也要求辅导员具有研究意识、问题意识和学术意识。提升辅导员的学术研究力需要辅导员的自我学习和自我提高,但可能更需要学术研究氛围的创设、学术研究积极性的激励和学术研究行动的支持。因此，从促进辅导员研究能力提高的角度，应加大对辅导员科研活动的引领，鼓励和支持辅导员开展课题研究，为辅导员的课题研究大开方便之门。依据国家的相关政策措施，通过哲学社会科学研究项目申报、思想政治教育专项课题申报、优秀辅导员论文评选等，加大辅导员的学术研究力度和深度，提高辅导员队伍的专业化、专家化水平。实际上，一些高校，尤其是办学层次较高的大学，在支持辅导员课题研究上纷纷出台激励性措施，如在课题研究上提供经费支持、开辟立项研究通道等。

3. **在推进学术交流中提高辅导员的学术素养**。高校具有教学与研究的双重任务，高校辅导员置身于文明传播、科学研究的氛围中，有不断提高科研水平和学术素养的良好条件。学术素养指进行学术研究时内在的规范和要求，是个人在学术研讨过程中所表现出来的综合品质。学校应努力创设学术交流的平台，以培养辅导员的学术意识、学术伦理规范和学术能力。应通过举办学术报告会、学术研讨会、学术专题讲座等方式，展示学科知识前沿，丰富辅导员的专业知识结构，培养辅导员浓厚的学术兴趣。也可通过学者互访、校际交流等方式，交流工作经验，提升学术品位，实现信息资源共享，增强学术体验和学术乐趣。

四、构建辅导员职业能力提升的支撑体系

（一）完善选聘机制　保证辅导员的入口通畅

严格辅导员的准入制度，把牢入口关，是保证辅导员队伍素质高起点的关键。把政治思想好、业务水平高、工作能力强、综合素质优的人员选到辅导员队伍，这是人们的主观愿望，把良好的主观愿望变成现实，还需要具体的措施和政策机制。

1. **建立科学的招聘机制**。在辅导员尚未成为独立的社会职业的情况下，应把辅导员招聘纳入教师队伍建设规划，按照教师岗位需求和岗位设置招聘辅导员，按照高校人才招聘规划招聘辅导员。在招聘的基本条件上，应按照《中华人民共和国教师法》，根据办学层次与类型，统一设定入职资质，如"985"院校可设定博士研究生学历，一般本科院校可设定硕士研究生学历。在选拔招聘程序上，以公平、公正、公开为原则，在面试基础上，按笔试

分数录取,避免以眼花缭乱的"面试"及难以考究的评委打分掩盖招聘过程的不公平。如果报考人数过多,也可以采取网络视频方式先筛选一遍。有人认为,在坚持面试的基础上,还应该引入谈话环节。由评委直接与参加竞聘人员面对面谈话,其用意是良好的,但"不同的考官对应聘者回答内容的理解角度会有所不同",考核结果的客观公平性恐怕难以把握。

在招聘机制建设上,应打破传统的思维定式,结合学校的辅导员队伍梯队建设规划,实施校内招聘与社会招聘相结合、定期招聘与特色招聘相结合、入职招聘和带编招聘相结合的招聘方式。校内招聘对象为符合基本条件的已经取得毕业资质的研究生和校内教职工。社会招聘就是面向本市或全国招聘具有两年以上基层实际工作经验的人员,其中,尤其注意招聘具有辅导员工作经历的。特色招聘,就是面向具有独特贡献、独特才能的人员,援疆、援藏的大学生或相关人员。定期招聘,就是由国家或地方根据各校的规划,统一组织招聘活动,统一录取。带编招聘,就是对在编的教师、在编的辅导员敞开大门。公办院校可根据用人制度改革,实施入职招聘、人事代理招聘与带编调入招聘。实施招聘方式改革,意在打破固化的思维模式,鼓励辅导员奋发向上,激励人才合理流动。按此,高职院校的辅导员、民办高校的辅导员只要具备招聘的基本条件,自身的素质能力居于上乘,均可有机会改换门庭,而"985""211"院校的毕业生也可以成为高职院校教师队伍的成员。

2. 建立规范的聘用模式。2017 年教育部令第 43 号第 8 条提出:"辅导员选聘工作要在高等学校党委统一领导下进行,由学生工作部门、组织、人事、纪检等相关部门共同组织开展。"第 12 条指出,"高等学校可以成立专职辅导员专业技术职务(职称)聘任委员会","聘任委员会一般由学校党委有关负责人,学生工作、组织人事、教学科研部门负责人,相关学科专家等人员组成"。从完善聘用模式角度看,有几个值得注意的问题。一是从招聘的角度,所招聘的人才是从事思想政治教育的,是有专业内涵的,应突出思想政治教育部门及相关学术专家在考核中的作用。二是从聘用的角度,院(系)党委副书记、院(系)团委书记担任辅导员以及聘为相应的管理岗位等级,应由组织部门提供意见,如果从教师身份的管理看似乎不应强调学生工作部门。三是从评职晋级看,依据《教育部等五部门关于深化高等教育领域简政放权放管结合优化服务改革的若干意见》,高校应完善学术评价体系和评价标准,推动学术事务去行政化,提高高校学术委员会建设水平。专职辅导员专业技术职务评聘,虽然是"单设标准、单独评审",但也应充分发挥高校学术委员会的重要作用。

3. 完善人事代理制度。学者杨建义以为,试行人事代理制度,一方面有利于高校在聘用辅导员时选好人、用好人,做到优胜劣汰;另一方面辅导员因为身份不在高校编制内,从而增加了工作的危机感和责任感,促使他们刻苦学习、努力工作、提高素质。①《中共中央关于全面深化改革若干重大问题的决定》中指出:"打破体制壁垒,扫除身份障碍,让人人都有成长成才、脱颖而出的通道,让各类人才都有施展才华的广阔天地。"②据此,辅导员骨干培训班、辅导员职业技能大赛等活动把人事代理制的辅导员排除在外的做法有失公允。应不断完善用人制度改革,使人才录用与人才培养制度深度对接,才能更好地调动辅导员工作的积极性与创造性,进而使辅导员的入口更通畅。

(二)优化激励机制 激发辅导员的内在动力

激励,就是指激发人的动机,使人有一股内在的力量,朝着所期望的目标前进的心理活动过程。激励的过程就是调动人的积极性、创造性的过程。高校辅导员职业能力的发展需要强有力的激励机制做支撑,需要不断地优化激励机制才能充分调动辅导员的积极性、创造性,培育辅导员提高职业能力的内生动力。

1. 物质激励。物质激励包括薪金与福利。薪金主要由工资、奖金、津贴和补贴等构成,是辅导员物质收入的主要来源。福利包括在工作和生活环境等方面所提供的待遇。辅导员的薪金与福利,是影响辅导员的优越感和归属感,影响岗位凝聚力和吸引力的关键因素。只有不断优化物质激励措施,使辅导员的工作投入和职业地位得到应有的物质保障,才会调动辅导员的积极性、创造性。

2004 年中央 16 号文件明确提出:"辅导员、班主任工作在大学生思想政

---

① 杨建义.高校辅导员专业成长研究:基于思想政治教育学科的视野[M].北京:社会科学文献出版社,2014:26.

② 教育部思想政治工作司.加强和改进大学生思想政治教育重要文献选编(1978—2014)[M].北京:知识产权出版社,2015:634.

治教育第一线,在政策待遇方面给予适当倾斜。"2017 年教育部令第 43 号要求:高等学校应当制定专门办法和激励保障机制;落实专职辅导员职务职级"双线"晋升要求,推动辅导员队伍专业化职业化建设。高等学校要积极为辅导员的工作和生活创造便利条件,应根据辅导员的工作特点,在岗位津贴、办公条件、通信经费等方面制定相关政策,为辅导员的工作和生活提供必要保障。落实国家文件精神,体现对辅导员工作的物质激励,需要各地方、各高校拿出更加具体的措施,比如,在辅导员的通信费、特殊时间值班费、加班时间补助费、突发事件打车费、技能竞赛奖励费等方面制定具体的办法;比如在辅导员评职晋级中,依据"双线晋升"和"单列计划、单设标准、单独评审"的有关要求,制定具体化的包括任职年限、实际工作表现等在内的鼓励辅导员提高管理岗位等级,进而积极从事思想政治教育工作的评审办法。一些地方或高校在辅导员物质激励上出台了值得借鉴的办法或制度,如天津在全市高校全面设立思政课教师和辅导员岗位奖励绩效,按照每位思政课教师每月 2000 元、每位辅导员每月 1000 元的标准发放。

2. 精神激励。一是体现人文关怀,用人文关怀激励辅导员开拓进取。辅导员工作任务繁重、责任重大、压力巨大,高校要从政治上、工作上、生活上关心他们,对辅导员中的特殊群体提供特殊的政策扶持,给予他们特殊的关心,办实事,解难题。高校领导要加强与辅导员的沟通交流,营造一种信任、理解、关心的环境,从情感入手,传递温暖,激发辅导员工作热情。

二是采取政策上倾斜,工作上、思想上激励的措施。如在辅导员职务职级晋升上,采取一些制度性的办法,确保辅导员长远发展。通过开展"十佳辅导员""优秀辅导员"等评选活动,并纳入高校优秀教育工作者奖励系列,让辅导员体会成就带来的幸福感,激发辅导员的荣誉感和认同感。

三是创设展现辅导员工作业绩和职业素养发展的平台,充分肯定辅导员的工作业绩,为辅导员尽情展现职业素养、职业风采,为辅导员取得职业快乐创造条件与氛围,使辅导员获得职业工作的愉悦和心情的舒畅。

四是尊重辅导员的职业工作、主体地位、工作权责和人格尊严。充分理解辅导员工作的不确定性和创造性,尊重辅导员的主体地位,尊重对学生问题处置的主动权、参与权、建议权;不随意地役使辅导员去做本不属于辅导员主要职责范围内的其他事务性工作,不随意地苛责辅导员发展中的某些不足,陶冶和激励辅导员创造职业美,开发美好人生。

3.**目标激励**。根据弗鲁姆的期望理论,合理的目标设置可以激发力量,使其达到最佳效果。激励的设置首先要符合个人的发展目标才能调动人的积极性,提高工作效率。每个人的生活境遇不同,精神生活追求不同,对自我价值实现的需要不同,因而对职业发展目标的追求必然存在若干差异。辅导员在满足物质追求以后,更关注的是对自我价值实现的需要。高校应在尊重个体差异的条件下,根据辅导员的主观职业发展期望和辅导员所处的组织环境进行分析,制定切合实际的个性化发展目标,提高激励的针对性,对辅导员形成既有动力又有压力的工作态势。

4.**发展激励**。任何人都渴望发展,任何职场人都有提高素质与能力的愿望,都期待实现职业发展的梦想。一方面,高校应该为辅导员提供更多的职业素养提升的机会,如创造外出学习培训、学术交流、经验交流的机会,提供提高学历层次和挂职锻炼的机会,让辅导员不断提高专业素养和能力水平,增加社会阅历。另一方面,学校要为辅导员创设职业发展机会,拓展辅导员的职业发展空间,帮助辅导员规划未来职业发展前途和方向,激励辅导员奋发有为、立功建业。

(三)改革管理机制　推进辅导员的能力培养

推进高校辅导员职业能力发展,解决辅导员职业能力建设的瓶颈问题,需要不断改革和完善辅导员管理的体制机制,尤其是领导体制和工作机制,以推进辅导员的能力培养,吸引更多的优秀人才从事辅导员工作并让他们在辅导员岗位上施展才华与抱负。

1.**辅导员管理体制的学术探讨**。辅导员领导机制和工作机制的建立,是学界亟待深入探讨的重要问题。2017 年教育部令第 43 号对辅导员管理体制的表述为:高等学校辅导员实行学校和院(系)双重管理。但在实际执行层面,这一管理体制表现为学校学工部(学生处)和院(系)的"双重管理"。作为高校教师,辅导员和其他教师一样,是一种学术职业。如果从管理学生事务角度出发,辅导员是一个在院(系)里具体负责某些学生事务的管理者。从一个具体业务岗位层面、一个部门中的具体事务管理者层面,对一个辅导员个体实施校系"双重管理"或部系"双重管理",其中有很多值得探讨的问题。

首先,从双重领导制概念分析。双重领导制又称"双重从属制",其基本内涵是指一个部门由两个上级来领导。如一般的地方国家机关都有双重领导,表现为在行政关系上归地方政府领导,在业务上归上级同类部门领导,即人们常说的"条块分割"。双重领导还有另一种情况,即对某个下级机构的管理由 2 个上级机构按照不同分工共同管辖,如公安、税务等部门都是双重领导。上述概念中应注意以下问题:一是双重领导主要是针对机构(或部门)和业务范畴而言,而非指向具体的个人;二是在某些机构实施双重领导体制中存在主管和协管的关系,即以谁为主的问题;三是存在明确的分工,如行政管理和具体业务管理的分工;四是必须克服职能分界不清、政出多门、责任不明的问题。依据上述概念分析辅导员领导体制,我们发现,辅导员既是一个职业群体的概念,也是一个个体的概念,还是一个职业岗位的概念,但绝不是一个机构或部门的概念。对辅导员个体实施双重领导,不仅在理论上存在瑕疵,而且在实践上也必然产生难以克服的在责任管理、目标管理和行为管理上的弊端。

其次,从辅导员双重管理的实践分析。学校和院(系)双重管理,在概念表述上并不十分准确。原因在于:学校和院(系)是学校内部管理上的不同层次,存在隶属关系,即领导与被领导关系,不存在同等地位。一个一线辅导员在实施工作职能时,既要按照所在部门领导的要求,又要越级请示学校书记或校长,这在实践上恐怕是荒谬的。实际上,在一般情况下,学校领导对基层部门所属的人员实施的管理主要不是直接管理,而是间接管理。当然,作为职能部门的学工部,在某种意义上具有代表校方的意蕴,但在学校内部,不能认为学工部部长的管理行为与学校领导的管理行为是完全等同的。实际上,对辅导员的所谓"双重管理",是学工部与院(系)共同实施的管理,而此种管理模式已在客观上造成了许多弊端。甚至有人认为,高校对辅导员的双重领导制度是导致辅导员职责泛化、角色混乱、定位不明确并制约其开展工作及队伍建设的重要因素。如杨建义认为:"学工部本身任务繁重,难有精力对事关辅导员成长的核心问题进行系统思考、规划和管理,一定程度上也造成目前辅导员受多头指使,没有明确工作界限的现实困境。"①
实际上,对辅导员实施"双重管理",并不源于思想政治工作的需要,而是源于学生工作的需要。从学生工作角度看待辅导员和从思想政治教育角度看待辅导员,差别很大。因此,无论从思想政治工作,还是从学生事务管理角度,都应改革或完善辅导员的管理体系和工作运行模式。

再次,从辅导员的职业身份看,辅导员属于教师队伍和管理队伍的重要组成部分,兼具教师与干部的双重身份,将此群体的管理及职业发展列入学生工作部门,有待探讨。辅导员双重管理的弊端之一,就是淡化了辅导员所在部门即基层院(系)对辅导员管理的积极性,将辅导员发展虚空地置于无部门依托的境地,把辅导员变成了学工部设在基层单位的学生工作站。由学工部牵头实施对辅导员个体工作的考核,等于直接忽略了辅导员工作情境的复杂性、工作部门的支撑性及工作群体的协调性。就一所综合大学而言,在校生一般在 20 000 人以上,按 1∶200 设置的专职辅导员在 100 人以上,且分布在不同的校区,校学工部要完成对全部辅导员的逐个详细考察得需要多少时间与精力? 而由学工部组织实施此项工作,其意义究竟有多大?而且,在当下,专职辅导员包括院(系)党支部副书记、团委书记等政工干部,他们的工作由学工部负责管理和考核,显然也失之偏颇。研究辅导员的管理机制,应转换一种思维,即从提高思想政治教育工作的针对性、实效性,从有利于提高辅导员职业能力、促进辅导员职业化发展的角度探索改革辅导员管理机制体制。

2. 改革辅导员管理体制的相关建议。建议之一:在辅导员管理体制上改"双重管理"为垂直式分级管理,将学生思想政治教育与学生事务管理工作分开。辅导员管理工作改为两级负责,即由校级负责辅导员管理的宏观决策、制度与机制设计、培养培训过程的检查监督评估,全校性辅导员职业能力培训活动的组织与管理。院(系)直接负责对辅导员的领导与管理,包括在本院(系)范围内对所属辅导员岗位工作的指导、检查、考核与评估以及相关培养培训规划的贯彻落实。在改革辅导员管理体制同时,改革学生思

① 杨建义.高校辅导员专业成长研究:基于思想政治教育学科的视野[M].北京:社会科学文献出版社,2014:24.

想政治教育管理模式,学校思想政治教育由党委负责,学校学生事务管理工作由行政负责,重新设置相关机构及其职能。

建议之二:改革并完善思想政治教育机构。一是由校党委牵头组织建立非常设机构——学校思想政治教育委员会,在党委领导下负责宏观研究策划思想政治教育工作。二是将党委学工部改称党委思想政治教育工作部,由一名党委副书记分管,下设职工思想政治教育科和青年思想政治教育科。思想政治教育工作部负责检查指导全校思想政治教育工作,包括检查指导各院(系)的辅导员思想政治工作。三是在院(系)建立学生教育研究室,为辅导员业务工作和思想政治教育研究的专门机构,属于辅导员学术研究共同体,由系部书记分管。在院(系)内部,不同专业的学生教育研究室可以协同作战,在研究领域或管理领域做适当的分工,但分工不分家,相伴而行,共同努力,资源分享,形成思想教育研究的合力。

建议之三:调整学生工作管理部门职能,将学生处改为学生事务管理处,为学校学生事务管理专门机构,隶属于学校行政。此机构设置,以学生成长与发展服务为宗旨,重新调整学生事务工作职责,将学生思想政治工作与学生事务管理工作区别开来。在学生事务管理处,建立专职学生事务工作的相关职能科室,如学生事务办公室、学生资助办公室、学生社团管理办公室、学生创业就业办公室、学生勤工俭学办公室等。在研究学生事务管理工作分工分类时,可借鉴国外学生事务管理经验,如国外相应奖学金的申请发放经验,结合我国实际情况,如根据助学贷款的复杂性,确定管理部门、协同部门,便于落实责任和实施服务。

(四)加强保障机制　支撑辅导员的能力建设

1.加强经费保障是辅导员能力建设的重要条件。辅导员活动经费,应参照其他工作群体实施。根据相关文件,学校共青团组织专项活动经费,"按照在校生人均不低于20元的标准划拨校级团委日常工作经费"①。思政教师的经费保障为:"学校在保障思想政治理论课教学科研机构正常的各项经费的同时,本科院校按在校生总数每生每年不低于20元、专科院校按在校

---

① 教育部思想政治工作司.加强和改进大学生思想政治教育重要文献选编(1978—2014)[M].北京:知识产权出版社,2015:301－303.

生总数每生每年不低于15元的标准提取专项经费用于教师学术交流、考察等,并随着学校经费的增长逐年增加。"①学校应按照一定比例,设立辅导员工作专项经费,以保证辅导员培训活动的具体实施。

2. 创设科研氛围,提升辅导员学术科研能力。 辅导员开展科研既是自身发展的需要,更是加强和改进大学生思想政治教育的需要。辅导员工作的持续推进离不开理论的支撑;大学生思想政治教育工作的纵深发展,也离不开辅导员工作实践的理论升华。与专业课教师相比,高校辅导员用于科研的时间和精力十分有限,缺少潜心研究问题的环境,缺乏对工作实践的高度理论提升与精心凝练。辅导员的科研水平与时代要求还存在较大的差距。高校必须着力提高辅导员科研能力。一是制定科研奖励办法,调动辅导员参与科研的积极性。二是组建科研团队整体带动。自愿参加组成专项研究团队,以集体的合力攻关科研,带动个人科研能力提升。三是专项课题拉动,通过引领辅导员参加课题项目研究,加大对课题申请者的配套资助力度,设立专项经费,专款专用,提高辅导员申报课题的积极性和主动性,进而提高辅导员的科研能力。四是通过课程研究与担任教学任务,培养学术素养与研究根基。高校要积极创造有利条件,鼓励更多的辅导员参与思想政治课、形势政策课等大学生思想政治方面的教育,为辅导员职业化发展创造有利条件。

3. 不断完善制度机制,为辅导员能力提升提供法制保障。 辅导员职业能力的提升,需要从制度层面加以设计、获得推进,既要对既有制度强调执行力与规范化,又要加快辅导员职业能力提升制度建设。通过出台法规、政府规章或规范性文件等方式,健全制度体系,确保辅导员职业能力提升顺利推进。

一是建立辅导员队伍正向流动机制和梯次流动机制。首先,针对辅导员所具有的双重身份,采取正向的流动措施。就是把辅导员队伍纳入学校党政干部队伍的后备人才库,加强政治培养和基层实践锻炼,并形成制度机制。把各类高校辅导员的政治培养与使用纳入地方党委干部培养使用的整

---

① 中华人民共和国教育部. 教育部关于印发《高等学校思想政治理论课建设标准(暂行)》的通知[Z]. 2011 – 01 – 19.

体规划,使辅导员工作经历成为党政干部培养使用的重要参数。如此,既拓宽了辅导员职业发展空间,也拓宽了党政干部选拔使用的通道。其次是建立梯次流动机制。就是对部分辅导员职业发展进行分流,有规划地引导部分辅导员充当专业基础课或专业课教师,选择一部分辅导员长期从事辅导员工作,培养部分辅导员成为教育科研工作的骨干。

二是建立实用而不烦琐的辅导员队伍考核评价体系。将辅导员的考核分为常规工作考核、晋职晋级考核和特殊项目考核。常规工作考核分为学期考核与年度考核,属于正常工作考核,由所在院(系)负责,评价主体为院(系)领导、部门同行及教育对象。晋职晋级考核由院(系)和相关部门共同负责,考核主体为院(系)、相关部门、部门同事。特殊项目考核的内容与考核主体由考核部门决定,但每学期最多不能超过两项。对辅导员的考核重点是总结性考核、诊断性考核、发展性考核与激励性考核,不搞烦琐项目,以助推辅导员职业发展为主要目标。

三是建立辅导员互动发展、创新发展的协同机制。建设辅导员工作共同体、学术研究共同体,打破辅导员单兵作战的传统工作思维束缚。建立志趣活动组群、社交活动组群、数字化学习平台等,助推辅导员能力的提升。

四是创建信息化业务交流与提高平台。利用"互联网 + "教育、"互联网 + "思维、"互联网 + "新媒体技术、朋辈辅导机制,创造性地开展辅导员工作。通过"互联网 + "新思维驱动,构建网络育人平台,搭建新媒体云平台,强化网络育人实践探索,将思政教育嵌入生活微时间,加强"第三课堂"的引导与管理,构建起"教师引导、朋辈引领、知行合一"的网络思想政治教育工作新机制。

结　　论

　　高校辅导员是大学生思想政治教育的重要力量,高校辅导员的职业能力关乎着中国高校培养高素质创新型人才的质量和水平,关乎着体现中国气派、中国精神、中国风格的中国高等教育特质。因此,研究高校辅导员职业能力以及探索辅导员职业能力建设的实践路径,对于引导大学生践行社会主义核心价值观,对于引导学生坚定树立马克思主义信仰,树立正确的世界观、人生观和价值观,促进和引领大学生成长成才成功,演绎美好的人生,具有十分重要的意义。

　　本书以马克思主义及马克思主义中国化理论为指导,研究探索了辅导员职业能力的功能价值、基本要素、基本结构、主要特征,阐述了辅导员职业能力发展的时代际遇与能力提升的基础条件,剖析了辅导员职业能力的发展现状、存在问题及其根源,提出了辅导员职业能力提升的宏观策略,阐明了职业能力发展的实践路径及能力提升的支撑体系,力图为学界研究此类问题开启思路,也为教育行政部门制定高校思想政治教育相关措施、推进辅导员专业化职业化发展提供应有的咨询与借鉴。

　　本书从阐述辅导员职业能力相关概念起步,在剖析辅导员职业能力基本意蕴的基础上论述了辅导员职业能力的本质属性与主要特征,提出了政治性是辅导员职业能力的本质属性,教育性是辅导员职业能力的基本属性,实践性是辅导员职业能力的职业属性以及综合性是辅导员职业能力的岗位属性等观点,既论证了辅导员职业的特色化存在和职业能力的特殊意义,也为研究辅导员职业能力的培养途径提供理论根基。

　　本书分析了辅导员职业能力的支撑要素及其结构形态,意在深入探讨构建辅导员职业能力的框架体系。本书在阐述辅导员职业能力结构形态中,重点分析了辅导员职业能力结构的多层性和多维性,尤其是提出了职业基础能力、职业核心能力、职业拓展能力三种能力类型的层次划分及其逻辑关联,意在突出思想政治教育工作、辅导员的主体职责和辅导员能力建设的主要方向,突破在辅导员职业能力结构体系研究中的窠臼,寻求破解辅导员职业能力发展的前提性、实践性困惑。

本书阐明了职业能力发展所应具备的思想基础、专业基础、知识基础和实践基础等问题,重在说明辅导员职业能力的发展与提升既与社会政治经济文化尤其是教育的发展有着紧密关联,也与辅导员所应具备的教育基础密切相关。本书突出阐明了理想信念、价值追求、和谐共进等精神动力和精准的专业定位、雄厚的知识积累、自觉的实践提高等必要条件。其中,专业定位就是要防止和消除辅导员职业能力培养过程中不应有的多中心或无中心状态,推进学界对辅导员核心能力即思想政治教育能力培养的探究。

本书深入研究了辅导员职业能力建设的成效与问题,剖析了制约辅导员职业能力发展的问题瓶颈,认为现存的问题主要来自三个方面:一是知识自我更新和建构能力不足;二是专业能力存在欠缺;三是科研意识不强,科研能力薄弱。这些问题的根源主要在于:工作内容缺少具体规定性、培养措施不完善、制度机制不健全。本书阐述了新时期辅导员职业能力提升所面临的新挑战,这些挑战主要来自多元多样价值观、科技创新与发展,尤其是互联网与新媒体技术,也来自新时代能力的高要求。时代赋予辅导员新的发展机遇,辅导员应及时抓住发展的契机,努力提升自身的职业能力。

本书针对辅导员职业能力发展的实然状态和职业能力提升的需求,提出了辅导员职业能力提升的思路与对策:首先阐述了坚持立德树人根本任务、树立以人为本价值取向、塑造信息时代辅导员新形象等新时代发展理念;其次,较为详尽地探讨了辅导员职业能力提升的宏观策略,提出了完善辅导员工作体系与运行模式、拓宽能力提升的策略视域、筑牢能力发展的理论根基等方面的新见解,尤其是提出了辅导员职业能力提升要与高校内涵式发展、法治建设、信息化建设紧密衔接的观点,意在从更广阔的视野研究辅导员的职业能力培养问题;再次,阐述了辅导员职业能力提升的实践路径,提出了完善能力训练体系、提供辅导员能力发展优质服务、提升辅导员研究素养等方面的可操作性措施;最后,阐述了辅导员职业能力建设的支撑体系,尤其是在稳定辅导员队伍、改革管理机制上提出了新的思路和建议。

参 考 文 献

[1]毛泽东.毛泽东选集[M].北京:人民出版社,1991.

[2]邓小平.邓小平文选[M].北京:人民出版社,1993.

[3]江泽民.江泽民文选[M].北京:人民出版社,2006.

[4]胡锦涛.胡锦涛文选[M].北京:人民出版社,2016.

[5]习近平.习近平谈治国理政[M].北京:外文出版社,2014.

[6]习近平.习近平谈治国理政:第二卷[M].北京:外文出版社,2017.

[7]中共中央文献研究室.十七大以来重要文献选编[M].北京:中央文献出版社,2011.

[8]国务院办公厅.国务院办公厅关于切实解决高校贫困家庭学生困难问题的通知[Z].2004－09－03.

[9]中华人民共和国教育部.教育部关于印发陈至立国务委员、周济部长在全国高校辅导员队伍建设工作会议上的讲话的通知[Z].2006－04－28.

[10]陈万柏,张耀灿.思想政治教育学原理[M].3 版.北京:高等教育出版社,2015.

[11]黄晓波.学生工作专业化系统与辅导员核心能力构建[M].北京:北京师范大学出版社,2010.

[12]刘捷.专业化:挑战 21 世纪的教师[M].北京:教育科学出版社,2003.

[13]李莉.高校辅导员专业化发展研究[M].南京:东南大学出版社,2011.

[14]王传中,朱伟.辅导员工作指南[M].武汉:武汉大学出版社,2009.

[15]冯刚,教育部思想政治工作司.辅导员工作培训教程[M].北京:高等教育出版社,2013.

[16]李林英,郭丽萍.新媒体环境下高校思想政治教育教学研究[M].

北京:人民出版社,2014.

[17]丘进,卢黎歌,等.机制·创新·长效:高校辅导员队伍建设研究[M].西安:西安交通大学出版社,2012.

[18]教育部思想政治工作司.高等学校辅导员工作概论[M].北京:高等教育出版社,2011.

[19]鲁洁,王逢贤.德育新论[M].南京:江苏教育出版社,2000.

[20]张耀灿,徐志远.现代思想政治教育学科论[M].武汉:湖北人民出版社,2003.

[21]朱小蔓,金生鈜.道德教育评论2010[M].北京:教育科学出版社,2011.

[22]汉姆瑞克,伊万斯,斯苏.学生事务实践基础:哲学、理论、教育成果强化[M].游敏惠,王凤,刘存伟,等译.成都:四川大学出版社,2009.

[23]温斯顿.学生事务管理者专业化论[M].储祖旺,胡志红,等译.北京:科学出版社,2010.

[24]梅里安,凯弗瑞拉.成人学习的综合研究与实践指导[M].2版.黄健,张永,魏光丽,译.北京:中国人民大学出版社,2011.

[25]德斯勒.人力资源管理[M].6版.刘昕,吴雯芳,等译.北京:中国人民大学出版社.1999.

[26]赫钦斯.美国高等教育[M].汪利兵,译.杭州:浙江教育出版社,2001.

[27]BARR M J,DESLER M K,et al. The Handbook of Student Affairs Administration:A Publication of the National Association of Student Personnel Administrators[M]. San Francisco:Jossey-Bass Publishers,2000.

[28]BLIMLING G S,WHITT E J,et al. Good Practice in Students Affairs:Principle to Foster Students Learning[M]. San Francisco:Jossey-Bass Publishers,2001.

[29]李鹏.我国高校辅导员队伍专业化职业化建设研究[D].北京:中国矿业大学博士学位论文,2015.

[30]李洪波.基于演化视角的高校辅导员管理研究[D].南京:江苏大

学博士学位论文,2010.

[31]陈岩松.基于胜任力的高校辅导员绩效评价研究[D].南京:南京航空航天大学博士学位论文,2011.

[32]赵海丰.高校辅导员制度的演进与发展趋势研究[D].沈阳:辽宁大学博士学位论文,2014.

[33]姜涛.高等教育大众化背景下的辅导员影响力研究[D].沈阳:辽宁大学博士学位论文,2015.

[34]申雪寒.高校辅导员管理机制论[D].长春:东北师范大学博士学位论文,2015.

[35]王本贤.西方职业生涯理论的发展脉络[J].中国职业技术教育,2006(27).

[36]李婷.马克思人的全面发展理论的当代解读[J].人民论坛,2017(17).

[37]于盼.高校研究型辅导员职业能力建构探究[J].齐鲁师范学院学报,2018,33(4).

[38]王媛.新旧动能转换中的高校辅导员职业能力提升方法研究[J].科教导刊,2018(23).

[39]费萍.高校辅导员能力结构解析[J].重庆科技学院学报(社会科学版),2016(6).

[40]郑永廷.论思想政治教育的内涵、外延与规范[J].教学与研究,2014(11).

[41]苏冰星.思想政治教育价值取向的特征、问题及其矫正[J].教学与管理(理论版),2017(7).

[42]高国希.论思想政治教育的目标与途径[J].思想理论教育,2008(11).

[43]张国启,张皓.改革开放30年思想政治教育概念内涵的嬗变及启示[J].广西教育学院学报,2009(4).

[44]徐可纯.以社会主义核心价值体系引领大学精神文化建设[J].经济与社会发展,2008(10).

[45]李忠军.以职业能力建设为核心推动高校辅导员队伍建设专业化发展[J].思想理论教育,2014(12).

[46]胡建新.关于高校辅导员专业发展的若干思考[J].教育研究,2009(10).

[47]李莉.高校辅导员专业化内涵与路径的理论探索[J].黑龙江高教研究,2010(8).

[48]章根红,李洪全,尹红婷,等.高校辅导员职业能力提升的路径与方法探究[J].高教学刊,2016(18).

[49]李永山.高校辅导员工作的核心能力及其培养[J].思想教育研究,2015(1).

[50]覃吉春,王静萍.高校辅导员职业能力结构与提升路径[J].思想理论教育导刊,2018(2).

[51]李家新.高校学生事务管理的三种典型模式[J].现代教育管理,2014(3).

[52]罗会德.美国高校学生事务管理队伍建设的借鉴及启示[J].思想教育研究,2011(8).

[53]杨晓慧.国际化视野下高校辅导员队伍建设的新思维[J].高校辅导员,2011(5).

[54]曹麒麟,李向成,张滟.高校辅导员专业化的必要性分析与可行路径研究[J].思想政治教育研究,2008(1).

[55]钟意.高校辅导员职业能力及内涵解读[J].职业教育(下旬),2014(11).

[56]陈九如,乐程,陈勇.高校辅导员科研能力的现状分析与提升路径[J].高校辅导员学刊,2014(4).

[57]谢洪明,吴隆增.技术知识特性、知识整合能力和效果的关系:一个新的理论框架[J].科学管理研究,2006(2).

[58]张斌,衡旭辉.高校辅导员的实践智慧:内涵、品性与发展策略[J].思想政治教育研究,2009(3).

[59]张莉,鲁萍,杜涛.高校辅导员职业能力提升与专业化发展研究

[J].思想理论教育导刊,2015(8).

[60]奚明洋.马克思人的全面发展理论及其对思想政治教育的启示[J].吉林省教育学院学报(上旬),2017(7).

[61]徐芝兰.近十年我国辅导员研究的主题分析:对 CNKI"辅导员"高被引文(2005—2014 年)的内容调查[J].高校辅导员学刊,2016(1).

[62]原魁社.立德树人:思想政治教育的根本价值取向[J].山西高等学校社会科学学报,2017(8).

▼

参
考
文
献